LE PLAIN-CHANT

ENSEIGNÉ AU MOYEN D'EXERCICES GRADUÉS.

NOUVELLE MÉTHODE ÉLÉMENTAIRE

A L'USAGE DU DIOCÈSE DE SÉEZ

CONTENANT

LES PRINCIPES DU PLAIN-CHANT

ET DONNANT LES MOYENS D'EN SURMONTER EN PEU DE TEMPS TOUTES LES DIFFICULTÉS

PAR UN FRÈRE DE SAINTE-MARIE DE TINCHEBRAY

AVEC L'APPROBATION DE NN. SS. LES ÉVÊQUES DE SÉEZ ET DE BAYEUX.

CAEN
CHÉNEL, LIBRAIRE DE Mgr L'ÉVÊQUE DE BAYEUX
Rue Saint-Jean, 16
ET CHEZ TOUS LES LIBRAIRES DU DIOCÈSE DE SÉEZ.

1865

LE PLAIN-CHANT

ENSEIGNÉ AU MOYEN D'EXERCICES GRADUÉS.

LE PLAIN-CHANT

ENSEIGNÉ AU MOYEN D'EXERCICES GRADUÉS.

Nous avons l'honneur de présenter au public une méthode de Plain-Chant rédigée sur un plan nouveau. Complètement élémentaire, et destinée à tous ceux qui ne connaissent pas les premières notions du Plain-Chant, elle diffère des autres méthodes en ce que, outre les principes de cette science, elle contient : 1° une suite d'exercices gradués prenant l'élève à l'A B C du chant et lui faisant parcourir successivement toutes les difficultés d'intonation et de durée qui se peuvent présenter ; 2° une nouvelle manière de vocaliser au moyen de laquelle le passage si difficile de la solmisation à l'application est franchi avec la plus grande facilité ; 3° un tableau donnant à ceux qui accompagnent le chant le moyen de transposer un morceau d'un ton dans un autre, sans qu'il soit nécessaire d'étudier les principes compliqués de la transposition ; 4° enfin un recueil de morceaux destinés à servir d'application à chacun des exercices de la méthode.

La manière d'étudier les exercices est indiquée en tête de l'ouvrage ; exactement suivie, elle conduit infailliblement (c'est du moins le résultat que nous avons toujours obtenu) à une connaissance pratique du chant amplement suffisante pour mettre en état d'exécuter à première vue un morceau, quelque difficile qu'il soit.

Monseigneur l'Evêque de Séez, à qui nous avons soumis cette méthode, nous a fait l'insigne honneur de l'adopter pour son diocèse.

Les termes flatteurs de cette approbation, les nombreux

encouragements que nous avons reçus, et la longue expérience qui en a été faite dans nos classes, nous engagent à présenter notre travail avec une certaine confiance.

Nous nous adressons à Messieurs les Curés et Vicaires, qui tous désirent voir le Plain-Chant bien exécuté dans leurs églises; à Messieurs les Supérieurs et Directeurs des Séminaires et Pensions ecclésiastiques chargés de former les élèves du sanctuaire; à Messieurs les Instituteurs, que nous croyons destinés à la noble mission de répandre dans les masses le goût du chant religieux. C'est pour eux plus spécialement peut-être que nous avons travaillé, puisque notre méthode, destinée dès le principe aux classes communales, a été expérimentée sur des enfants de 8 à 10 ans et mise à la portée de leur jeune intelligence. Enfin nous nous adressons à tous ceux qui désirent montrer ou apprendre eux-mêmes le Plain-Chant, fermement convaincus qu'ils trouveront dans l'ouvrage que nous leur soumettons un moyen facile et certain d'arriver au but qu'ils se proposent.

Mus avant tout par l'amour du chant religieux et par le désir de faire du bien, nous tenons à ce que tous ceux que l'étude du Plain-Chant intéresse puissent avoir notre méthode entre les mains. C'est dans ce but que nous l'avons mise à un prix qui, vu la quantité des matières, pourra être regardé comme un bon marché exceptionnel.

BREF DE NOTRE SAINT-PÈRE LE PAPE

(7 Avril 1858)

Qui accorde des Indulgences à ceux qui prennent part au chant d'église.

1° Indulgence d'un an pour celui qui enseignera gratuitement le chant des louanges sacrées en en pratiquant quelquefois l'exercice en public, ou tout au moins en particulier. Une autre Indulgence de cent jours pour celui qui en pratiquera l'exercice dans un oratoire public ou privé toutes les fois qu'il y aura lieu ;

2° Indulgence plénière qui pourra être gagnée à la clôture du mois de Marie par ceux qui, dans le cours de ce mois, se seront occupés d'une manière particulière à chanter les louanges sacrées dans le lieu saint et auront assisté aux exercices du mois de Marie ;

3° Indulgence plénière une fois le mois pour ceux qui, pendant au moins quatre jours de solennité ou même de simples fêtes, prendront part au chant ou à l'enseignement des louanges sacrées ; et cette Indulgence se gagnera le jour où l'on se sera approché des sacrements de Pénitence et d'Eucharistie.

Afin que l'on puisse gagner les Indulgences ci-dessus, il faut que les prières et les louanges chantées aient l'approbation de l'autorité ecclésiastique ;

4° Les Indulgences pourront être appliquées aux âmes des fidèles trépassés.

Romæ, apud S. Petrum die 7 aprilis 1858.
Benigne annuimus juxta petita.

Pius P. P. IX.

(Extrait et traduit de l'*Armonia* de Turin, et publié dans l'*Univers* du 2 mai 1858.)

MANIÈRE D'APPLIQUER LA MÉTHODE.

L'étude du Plain-Chant, longtemps négligée sinon abandonnée, est venue de nos jours reprendre la place qu'elle n'aurait jamais dû quitter. Tous comprennent enfin que par la mâle beauté de son allure, la noble gravité de sa marche, la simplicité riche et grandiose de ses mélodies, ce chant sacré est le seul qui puisse s'allier à la majesté du culte et monter, intimement uni à la prière, jusqu'au trône de l'Éternel.

C'est que Nos Seigneurs les Évêques se sont levés en masse pour recommander au clergé et aux fidèles l'étude du Plain-Chant; c'est que, cette année même, M. le Ministre de l'Instruction publique vient de déclarer cette étude obligatoire dans les Écoles normales; c'est enfin que tous les hommes compétents se sont réunis pour demander à grands cris le chant, le véritable chant religieux.

En présence de cette unanimité d'efforts, la tâche de ceux qui ont prêché avec tant de zèle et de dévouement la restauration du Plain-Chant, est terminée. Il s'agit aujourd'hui de guider les nombreux adeptes de cette science dans une étude qui, moins compliquée il est vrai que la musique moderne, offre cependant des difficultés sérieuses.

C'est ici que nous avons voulu apporter notre modeste pierre à l'édifice sacré. Voué à l'enseignement depuis nombre d'années, habitué de longue main à guider les premiers pas de l'enfance dans la voie de l'instruction, la direction que nous avions à suivre était toute tracée. Aussi, laissant aux érudits le soin d'aborder les hautes questions, nous sommes-nous renfermé dans le cadre le plus élémentaire. Nous le disons hautement, notre unique ambition a été de mettre ceux qui ignorent les premières notions du chant en état de paraître au lutrin de la paroisse, et de contribuer par des accents simples, pieux, naturels et bien dirigés, à la beauté du culte religieux.

Dans ce but, la première réflexion qui s'est offerte à nous c'est que, comme toutes les études élémentaires, le Plain-Chant ne doit point s'apprendre par un simple exposé des règles théoriques appuyées de quelques exemples, mais par une suite d'exercices répétés à satiété jusqu'à ce qu'ils soient fixés profondément dans les mémoires les plus rebelles. Prenez un enfant, dites-lui : « toutes les fois que vous verrez *b, a*, vous direz *ba*, toutes les fois que vous verrez *m, u*, vous direz *mu*, » etc., il n'est venu à la pensée de personne de croire qu'après une ou deux leçons semblables l'enfant saura lire. Or, il en est de même dans le chant : il ne suffit pas de dire au commençant telle note s'appelle *do*, l'intervalle *do-ré* se chante de telle manière, il faut lui faire lire les notes, chanter les intervalles jusqu'à ce que, à force de les répéter, il arrive à les savoir parfaitement.

La plupart des méthodes se contentent de donner des règles: ce sont, si l'on veut, des grammaires de Plain-Chant; leurs auteurs ou bien supposent que les élèves connaissent les notes ou bien encore laissent aux maîtres le soin de les montrer. Tel n'a pas été notre but. Nous avons eu en vue un ouvrage qui réunît à la fois la méthode de lecture et la grammaire, la pratique et la théorie, mais dans d'étroites limites, car, nous le répétons, nous avons laissé complètement de côté la science relevée, la littérature du Plain-Chant, si l'on veut, et nous nous sommes contenté des principes les plus élémentaires, afin de rester toujours à la portée des commençants.

Mais nous nous apercevons qu'au lieu de justifier le titre que nous avons donné à ce chapitre préliminaire, nous écrivons une préface. Or, on ne lit guère une préface et nous tenons à être lu. Nous nous arrêtons donc et sans autre préambule nous abordons notre sujet.

Pour le moment, nous n'allons nous occuper que des moyens généraux d'appliquer la méthode, nous réservant de mettre en note les explications nécessitées par telle ou telle règle particulière. Puis, dans l'intention d'être agréable à Messieurs les Instituteurs qui ne seraient pas accoutumés à enseigner le chant, nous donnerons en quelques mots les moyens dont nous nous sommes servis pour organiser cette étude dans nos classes, moyens dont nous avons été contents, mais que nous laisserons chacun libre de suivre ou de modifier, ne prétendant aucunement que cette organisation soit la seule bonne possible.

Nous ne dirons rien des règles théoriques, si ce n'est qu'elles devront être apprises parfaitement et, pour cela, il faudra les lire et les relire souvent. La plupart du temps, une nouvelle lecture fera remarquer un précepte que l'on avait oublié ou sur lequel l'attention ne s'était pas suffisamment portée.

Pour l'étude des exercices sur les intervalles, le maître devra commencer par faire lire aux élèves les notes d'un numéro sans les chanter, soit que chacun lise le numéro entier, soit que l'un énonce les notes du 1er membre jusqu'à la 1re petite barre (*), l'autre celles du second, etc., et

(*) Nous avons séparé par un chiffre chacun des membres de nos exercices, afin que le maître puisse avec la plus grande facilité renvoyer l'élève à tel endroit qui lui conviendra.

l'on continuera cet exercice jusqu'à ce qu'il n'y ait plus aucune hésitation dans la lecture. Quel que soit le mode que l'on adopte, on devra faire respirer à chaque petite barre et habituer les élèves à lire un membre entier sans reprendre haleine. C'est un précieux avantage que de savoir respirer convenablement, et nos exercices ont été disposés de manière à arriver à ce but sans fatiguer même les poitrines délicates.

Lorsque tous sauront parfaitement lire un numéro on pourra le solfier.

Le maître, ayant bien soin de prendre un ton convenable pour la voix de ses élèves (*), chantera le 1er membre en le solfiant (**), jusqu'à ce qu'un de ses auditeurs soit en état de le répéter ; celui-ci alors le chantera à son tour et ainsi de suite jusqu'à ce que tous le sachent ; qu'on ne s'ennuie pas de la longueur, ce temps-là ne sera pas perdu. On maintiendra d'ailleurs l'attention en faisant signaler et reprendre les fautes tantôt par l'un, tantôt par l'autre.

(*) Certains commençants, surtout lorsqu'ils n'ont jamais chanté, éprouvent la plus grande difficulté à prendre le ton qui leur est donné. Il n'en faut pas conclure que chez eux l'oreille n'est pas juste. Ce défaut provient fréquemment du manque d'habitude. Que le maître alors prenne lui-même le ton de l'enfant et l'amène, en le faisant descendre ou monter, au ton qu'il veut lui donner. Il y a bien peu de natures, si ingrates qu'elles soient, qui résistent à cette manière d'agir et n'arrivent, au bout de quelques jours, à vaincre cette difficulté.

(**) Si le maître ne pouvait chanter lui-même, il s'aiderait d'un instrument, soit harmonium, soit violon, soit même accordéon, et à mesure que l'instrument ferait entendre les notes, lui-même les nommerait afin que les élèves saisissent à la fois et l'intervalle et le nom des notes. Si l'on se servait des tableaux dont nous parlerons plus loin, il faudrait en même temps montrer les notes avec une baguette, ou les faire indiquer par un élève.

Le maître fera ensuite solfier le second membre en faisant remarquer que les intervalles sont les mêmes et que leur disposition seule est différente. On continuera ainsi jusqu'à ce que le numéro soit appris tout entier, puis on le fera solfier d'un bout à l'autre n'abandonnant jamais un exercice qu'il ne soit su complètement. Nous avons marqué par un astérisque un des membres de chaque numéro, c'est le membre le plus important, il devra être appris par cœur, et c'est à lui qu'on aura recours lorsque, dans les autres endroits, on éprouvera des difficultés pour faire les intervalles.

Que l'on ne s'étonne pas si, fréquemment, nous avons répété plusieurs fois de suite la même note. Ceux qui ont déjà donné des leçons de chant savent comme nous que l'une des choses les plus difficiles à obtenir, c'est la bonne exécution de ces notes répétées plusieurs fois, de cette sorte d'intervalle qui porte le nom d'*unisson*. Que l'on travaille donc cette difficulté, elle en vaut la peine (*).

Le maître ne chantera avec les élèves que dans le cas où, après plusieurs essais, il leur serait impossible de franchir l'obstacle. Lorsqu'en passant d'une note à une autre, l'intervalle n'aura pas été bien exécuté, le maître, au lieu de donner le ton de la note mal chantée, donnera celui de la précédente. Peut-être ce moyen ne réussira-t-il pas toujours ; un autre élève alors fera le passage embarrassant. Dans le cas où personne ne pourrait y arriver, si cela dépendait d'un exercice précédent dont on ne se souviendrait pas, il faudrait le repasser immédiatement, sinon le maître don-

(*) Un des hommes les plus compétents que nous connaissions en fait de plain-chant nous a dit en voyant notre travail : Vous avez peut-être tort de commencer vos exercices par l'unisson, c'est ce qu'il y a de plus difficile, ce serait mieux placé à la fin.

nerait la clef de la difficulté; mais il ne doit user de ce moyen que lorsqu'il ne peut se tirer d'affaire autrement. Cette méthode a l'avantage d'exciter l'émulation et l'attention des enfants, en même temps qu'elle fatigue moins le professeur.

Lorsque chacun aura été exercé séparément, on pourra de temps en temps faire chanter à tous ensemble un numéro bien su. Pour cela, il faudra réunir d'abord les voix qui sont à peu près les mêmes, puis, plus tard, toute la division; cette manière de procéder fera contracter peu à peu l'habitude de chanter en chœur.

Nous conseillons de commencer par chanter lentement, afin de bien poser les voix des commençants; ensuite, à mesure qu'elles auront pris de l'aplomb, on hâtera le mouvement jusqu'à ce qu'il soit arrivé au degré de vitesse que l'on veut obtenir. Le maître fera bien de marquer l'instant où commencera chaque note par un petit coup de pied ou de baguette; l'élève devra la faire entendre au moment même où tombera le coup. Mais il ne faut employer ce moyen que dans les commencements, car s'il est important de bien attaquer les notes, il ne l'est pas moins de ne pas saccader le chant, et l'abus de cette manière d'agir y conduirait infailliblement.

Que dès le début on tienne à donner exactement aux notes la valeur qu'elles doivent avoir. C'est le moyen d'obtenir de l'ensemble, et, nous le répéterons souvent dans le cours de la méthode, l'ensemble est de la plus haute importance dans le chant.

Nous engageons fortement à soigner d'une manière toute spéciale les récapitulations soit générales, soit particulières. C'est le point capital des exercices. Ceux qui précèdent n'ont été faits que pour arriver là.

On comprend en effet que lorsque, en tête d'un passage, l'élève voit indiquée la difficulté qu'il doit vaincre, son attention se portant uniquement sur cette difficulté, il la surmonte par là-même plus facilement. D'ailleurs, il vient de l'entendre chanter par le maître ou par un camarade, il n'a guère qu'à répéter une leçon qui est pour ainsi dire gravée dans son oreille. Mais il n'en est plus de même des récapitulations : l'attention doit se disséminer sur tout ce qui fait le sujet des exercices précédents, et il faut, à mesure qu'une difficulté se présente, se rappeler comment on l'a surmontée plus haut. C'est là un obstacle sérieux, mais on en retirera un grand profit si l'on parvient à le vaincre, et on peut toujours le faire quand les exercices ont été suffisamment étudiés.

Nous ne poursuivrons pas plus loin ces conseils sur l'application de la méthode ; la sagacité des maîtres suppléera à tout ce que nous ne pouvons dire. Mais avant de nous arrêter, nous ferons remarquer que ces préceptes regardent tous les commençants, les adultes aussi bien que les enfants. Nous exhortons pareillement maîtres et élèves à bien voir ce qu'ils étudient, ne se contentant pas d'effleurer les matières, mais au contraire les méditant sérieusement, les approfondissant avec soin ; ils s'épargneront par là bien des difficultés qui ne manqueraient pas de surgir si les exercices précédents n'avaient pas été parfaitement appris.

Prenons donc notre temps, ne nous hâtons que lentement, ne passons rien sous le prétexte d'aller plus vite, voyons bien tout ce que nous voyons, c'est le véritable moyen de faire des progrès. *Peu mais bien*, que ce soit là notre devise.

Un mot encore sur un exercice dont nous n'avons pas parlé dans la méthode, mais qui est d'un très-grand avantage pour ceux qui savent déjà un peu vocaliser et appliquer, c'est l'emploi des dictées.

Le maître prendra un morceau que les élèves ne connaissent pas. Après avoir dit quelle est la première note, il fera entendre soit en vocalisant, soit en chantant, mais très-lentement d'abord, plus vite ensuite lorsqu'on sera plus avancé, 3 ou 4 notes que l'élève répétera en les solfiant ; puis il prendra les 3 ou 4 notes suivantes et ainsi de suite. Plus tard, il en donnera 5 ou 6, 7 ou 8 à la fois, suivant la force des élèves. Au bout de quelque temps, il fera écrire ces notes. L'élève les reproduira d'abord par un simple point sans s'occuper de leur forme. Lorsque le morceau sera fini, le maître le reprendra en entier très-lentement, en donnant aux notes leur valeur bien exacte. Les élèves alors, tout en corrigeant les fautes qu'ils auraient pu faire, écriront les notes avec la forme qu'elles doivent avoir suivant leur valeur. S'il est nécessaire, le maître recommencera une troisième fois, et fera chanter ensuite le morceau à chacun en particulier. A bout de quelque temps, tout cela se fera avec une grande rapidité. Il va sans dire que cette dictée ne devra rouler que sur les exercices vus précédemment. Mais on peut être sûr qu'un élève qui écrit ainsi un morceau en l'entendant chanter, connaît parfaitement toutes les difficultés, soit d'intervalles, soit de valeur des notes contenues dans le morceau.

Enfin, nous terminerons ces quelques pages en appelant l'attention des maîtres sur l'extérieur de leurs élèves. La tenue d'un chantre n'est pas chose indifférente, tant pour produire bonne impression sur les spectateurs que pour éviter la fatigue. Que l'on corrige donc dès le commencement les froncements de sourcils, les mouvements de la tête ou du corps et les grimaces de quelque nature qu'elles soient. Que le maintien soit convenable, sans raideur comme sans affectation; que la poitrine soit ouverte, afin que les sons se forment avec facilité et sans souffrance pour les poumons; en un mot que tout soit le plus naturel et le plus gracieux possible, rien n'est trop parfait pour le service de Dieu.

NOTICE SUR L'ORGANISATION DES CLASSES DE CHANT DANS LES ÉCOLES (*).

Lorsque nous voulons établir un cours de Plain-Chant dans une école, voici ce que nous faisons.

Après avoir réglé le temps qui devra y être employé chaque jour, une demi-heure au moins, nous prenons une quinzaine d'enfants de 8 à 14 ans parmi les plus intelligents et les plus sages, afin de mettre de prime-abord notre étude en honneur et de la faire regarder comme une récompense.

Nous leur faisons étudier les premiers tableaux jusqu'aux quintes exclusivement, en suivant avec soin les conseils que nous avons donnés ailleurs, soit dans la *manière d'appliquer la méthode,* soit dans la *deuxième partie* pour ce qui regarde la voix, la mesure, etc. Arrivés aux quintes, nous nous rendons compte, le plus souvent par un examen, de ce que chacun sait. Ceux qui possèdent parfaitement tous les exercices précédents sont mis à part pour passer aux numéros suivants. Les autres, au nombre de 4 ou 5 pour l'ordinaire, forment le noyau d'une nouvelle division que nous complétons en leur adjoignant une dizaine d'autres élèves choisis comme les premiers parmi les plus studieux et les plus dociles; ceux-là recommenceront tous les exercices.

Pendant que le maître donne la leçon au premier groupe, un des élèves de cette division s'occupera de la nouvelle

(*) Pour rendre les cours plus faciles, nous avons fait imprimer les exercices de la méthode jusqu'aux quintes inclusivement sur 14 grands tableaux très-lisibles. Ces tableaux sont appelés, croyons-nous, à rendre de grands services, surtout dans les divisions composées d'enfants.

section en procédant avec les autres comme le professeur a procédé pour lui. Le maître donnera de temps en temps un coup-d'œil pour s'assurer que tout va bien.

Les fonctions de moniteur seront confiées, tantôt à un élève, tantôt à un autre; rien n'est meilleur pour donner de l'aplomb, faire repasser les exercices et habituer à apprécier le degré de justesse des intervalles.

On agira avec le 2e groupe comme on a fait à l'égard du 1er; peut-être pourra-t-on en créer un 3e, mais nous n'allons jamais plus loin: d'un côté, la marche de plus de 3 groupes deviendrait difficile, d'un autre côté, il y a rarement autant d'élèves à apprendre le plain-chant dans une classe.

Pour faire fonctionner ces divisions, nous nous servons des différents moyens d'émulation en usage dans les classes ordinaires. Nous faisons passer le premier celui qui a le mieux réussi. De temps en temps, nous accordons une image ou une autre récompense à ceux qui habituellement ont les meilleures places. La fonction de moniteur peut aussi être donnée comme gage de satisfaction. A la fin de l'année, nous accordons des prix de Plain-Chant. Dans les paroisses où Messieurs les Curés l'approuveraient, les places d'enfant de chœur pourraient être données à ceux qui joignent la science du chant à la sagesse et à la bonne tenue. On peut enfin employer ces mille et un moyens que Messieurs les Instituteurs connaissent mieux que nous, et qui sont si puissants pour exciter l'ardeur des jeunes enfants.

Nous le répétons, cette organisation a été expérimentée par nous et a réussi, mais d'autres peuvent donner des résultats tout aussi satisfaisants. Il est évident que, dans mainte et mainte circonstance, des modifications seront nécessaires; c'est à la sagesse des professeurs de les appliquer. Plusieurs trouveront, nous n'en doutons pas, de nouveaux moyens de faire faire des progrès, de faire fonctionner plus facilement les divisions, de simplifier peut-être certains passages de la méthode, etc., etc. ; nous leur serons reconnaissant s'ils veulent nous les communiquer, et s'il nous est donné de tirer une seconde édition de notre ouvrage, nous ferons cas des observations qui nous auront été adressées. Notre unique but a été de faire le bien. Après avoir vu les résultats extraordinaires obtenus par notre méthode, (des enfants, par exemple, de 13 ou 14 ans, mis, au bout de peu de temps, en état de chanter la messe le dimanche à peu près à première vue), nous avons cru nous rendre utile en initiant les autres aux moyens que nous avons employés. Que ceux qui le pourront nous aident, le bien s'en fera d'une manière plus efficace et plus sûre, et la gloire de Dieu, qui en résultera, sera la plus douce récompense que nous ayons ambitionnée.

LE PLAIN-CHANT

ENSEIGNÉ AU MOYEN D'EXERCICES GRADUÉS.

PREMIÈRE PARTIE.

PRINCIPES GÉNÉRAUX ET SOLMISATION.

1. Le Plain-Chant, appelé aussi chant Grégorien, est le chant que l'église emploie dans ses offices.

NOTES.

2. Chaque son que la voix émet est représenté par une note. Il y a sept notes que l'on appelle ***ut, ré, mi, fa, sol, la, si.*** La note ***ut*** est souvent nommée ***do***.

PORTÉE.

3. La portée est la réunion de quatre lignes horizontales sur ou entre lesquelles on écrit les notes. Lorsque ces quatre lignes ne suffisent pas, on y ajoute en haut ou en bas de petites lignes que l'on appelle lignes supplémentaires.

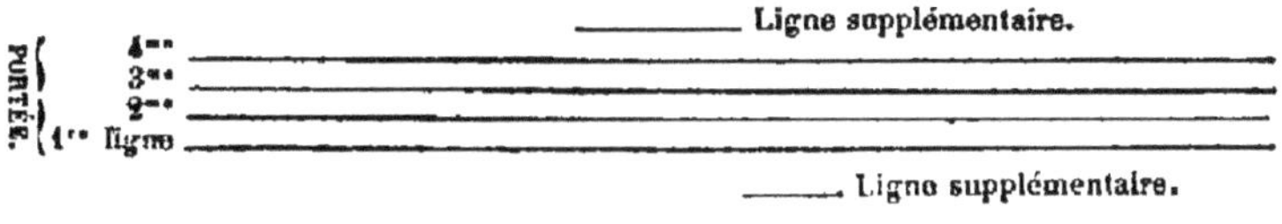

Ligne supplémentaire.
PORTÉE.
4me
3me
2me
1re ligne
Ligne supplémentaire.

CLEFS.

4. La clef est un signe placé en tête de la portée et qui indique en quel endroit se trouve telle ou telle note. On distingue deux espèces de clefs : la clef d'*ut* et la clef de *fa*. La note placée sur la ligne qui reçoit la clef prend le nom indiqué par la clef. Ainsi ces notes sont des *ut* ou *do* et celle-ci est un *fa*.

Ces notes servent à nommer toutes les autres : celle qui est au-dessus du *do* est un *ré*, celle qui est au-dessous est un *si*, puis en descendant *la*, *sol*, etc. Ces clefs peuvent se placer sur les quatre lignes, mais on ne rencontre généralement celle d'*ut* que sur la 4me et la 3me (*), et celle de *fa* sur la 3me seulement.

VALEUR DES NOTES.

5. La forme de chaque note marque le temps plus ou moins long pendant lequel on doit émettre le son indiqué par cette note.

6. On distingue quatre espèces de notes : la *carrée* ou *commune*, la *maxime* ou *double carrée*, la *brève* ou *lozange* et la *caudée*.

7. La maxime est longue comme deux carrées.

8. La brève ne vaut que la moitié de la carrée, mais

(*) La clef d'*ut* placée sur la 4me ligne est souvent nommée clef d'*ut montée*, celle qui se place sur la 3me prend alors le nom de clef d'*ut descendue*.

il n'y a de véritablement brève que celle qui est isolée sur une syllabe. Quant aux lozanges disposées de suite et en descendant, elles doivent être regardées comme des carrées, c'est le sentiment des auteurs les mieux autorisés. Néanmoins, dans l'exécution, lorsqu'il se rencontre sur une même syllabe une suite de notes qui montent ou descendent, soit carrées, soit lozanges, elles devront être coulées et faites avec légèreté mais sans précipitation; il résultera toutefois de cette exécution une sorte d'entraînement qui abrégera la durée de ces notes et rendra ces passages plus rapides, mais on devra bien se garder de les saccader, ce serait complètement opposé à la nature du Plain-Chant.

9. La note à queue ou caudée a trois valeurs différentes :

1° Lorsqu'elle précède une brève isolée sur une syllabe :

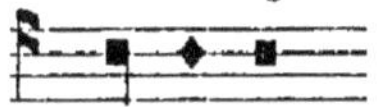

Do-mi-nus, elle vaut à peu près une carrée et une brève réunies (*).

2° Quand la caudée est elle-même isolée sur une syllabe non suivie d'une brève, elle indique un accent fortement marqué ; et un accent en même temps qu'une liaison lorsqu'elle se trouve la première d'un groupe de deux ou plusieurs notes descendantes situées sur la même syllabe (**). Ex.

sæ-cu-lo-rum. Amen. In- ve-nit. De- us.

(*) La note qui précède la brève, qu'elle soit caudée ou non, doit toujours avoir cette valeur.

(**) M. Félix Clément, dans sa préface des Heures notées, regarde les caudées du mot *Deus* dans l'exemple que nous donnons comme in-

Cet accent devra se faire tout à la fois en appuyant davantage sur la note accentuée et en la prolongeant un peu, mais moins que lorsqu'elle précède une brève isolée.

3° Dans les autres cas, la caudée marque seulement une liaison et est sans influence sur la durée.

BARRES.

10. Les barres sont des lignes verticales qui traversent la portée, il y en a de trois espèces : la petite qui indique où l'on doit respirer, la grande qui marque un repos un peu plus long, et la double barre qui sert : 1° à séparer les différentes parties d'un même morceau ; 2° à désigner les endroits où un chœur succédera soit à un autre chœur, soit aux chantres, et *vice versa ;* 3° à indiquer la fin d'un morceau.

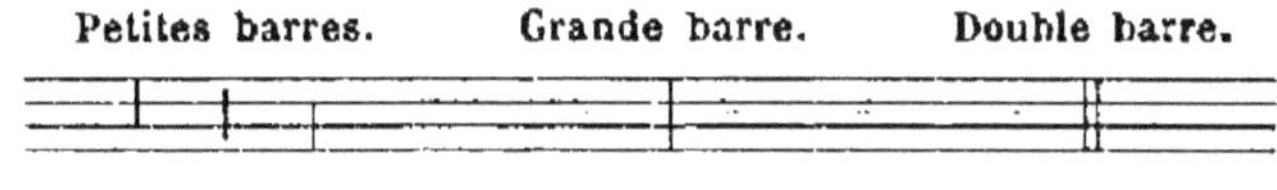

GUIDON.

11. Le guidon est une moitié de note à queue que l'on ne chante pas, mais qui, placée à la fin de chaque portée, indique seulement la première note de la portée qui suit.

diquant simplement une liaison. Malgré la grande autorité de ce savant, nous pensons qu'on peut les accentuer aussi bien que celles qui précèdent plusieurs notes descendantes, nous appuyant sur la définition que donne de la *clivis*, groupe de deux notes descendantes, le savant chanoine de Paris, Jean de Muris : c'est un chant, dit-il, qui se compose d'une note et d'une demi-note : *componitur ex nota et seminota*. (Joannes de Muris, ch. 6).

TON.

12. Le mot *ton* peut se prendre en trois sens différents :

1° Il signifie parfois un son ou une suite de sons soutenus à une certaine hauteur. Ex. Nous avons chanté Vêpres sur un ton bien élevé.

2° On l'emploie dans le sens de mode. Ex. Un ton majeur, le 3me ton.

3° Enfin il se prend pour une certaine distance comprise entre deux sons ; ainsi on dit que la distance de *ut* à *ré* est d'un ton. Le ton pris dans ce sens peut se diviser en deux parties que l'on appelle demi-tons.

ACCIDENTS.

13. Les accidents sont des signes qui ont pour effet de faire varier d'un demi-ton, soit en le haussant, soit en le baissant, le son de la note qui les suit.

Le bémol ♭ baisse la note d'un demi-ton. Il se rencontre fréquemment sur le *si* que l'on appelle alors *si bémol* ou *za*, et quelquefois mais très-rarement, sur le *mi* que certains auteurs appellent alors *ma*.

Le dièse × ou ♯ hausse la note d'un demi-ton ; il n'est guère usité dans le Plain-Chant.

Le bécarre ♮ remet la note dans sa position naturelle lorsqu'elle a été altérée par le dièse ou le bémol. L'effet produit par un accident n'affecte pas seulement la note qui le suit immédiatement, mais toutes les mêmes notes jusqu'à la première petite barre, à moins qu'un autre accident ne vienne détruire l'effet du premier.

Lorsque le bémol est au commencement du morceau, ce que l'on appelle *à la clef,* il affecte tous les *si* qui ne sont pas précédés d'un bécarre. L'usage a prévalu dans ce cas de placer le bémol en tête de chaque portée.

INTERVALLES.

14. On appelle intervalle la distance en tons et demi-tons qui sépare une note d'une autre note. L'intervalle peut être par degrés séparés, lorsqu'il n'y a que les deux notes formant l'intervalle, ou par degrés conjoints, lorsque les notes intermédiaires s'y trouvent (*).

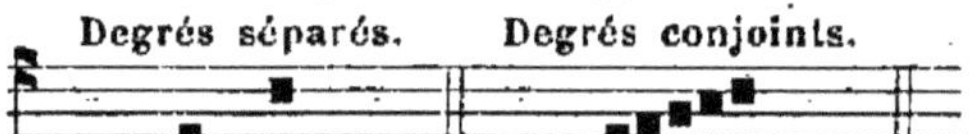

Il n'y a guère d'usités dans le plain-chant que les intervalles suivants : la *seconde,* la *tierce,* la *quarte,* la *quinte,* la *sixte* et l'*octave.* Encore ces deux derniers le sont-ils fort peu. Quant aux autres intervalles : la *septième,* la *neuvième,* la *dixième,* on ne les rencontre presque jamais.

15. La première et sans contredit la plus importante connaissance à acquérir lorsqu'on apprend le plain-chant, c'est la manière de chanter les intervalles avec justesse : tout dépend de là. C'est pourquoi nous allons traiter longuement cette matière et la faire étudier au moyen d'exercices de la plus haute importance. Ces exercices devront tous être solfiés, c'est-à-dire chantés en donnant à chaque note le nom qui lui convient *do, ré, mi,* etc. Plus tard nous indiquerons une autre manière de les chanter (**).

(*) A moins que nous n'avertissions du contraire, par le mot *intervalle* nous entendrons toujours parler des intervalles par degrés séparés.

(**) Dans la plupart des exercices qui vont suivre, nous n'avons guère employé (au moins dans les premiers) que la note carrée, voulant ap-

SECONDES (*).

16. L'intervalle de seconde comprend un ton ou un demi-ton.

Lorsqu'il comprend un ton, il prend le nom de seconde majeure *do-ré, ré-mi, fa-sol, sol-la, la-si.*

EXERCICES.

peler toute l'attention sur les intervalles. Ceux-ci une fois sus, on trouvera dans les récapitulations la notation ordinaire, il faudra alors veiller tout à la fois à bien faire les intervalles et à donner aux notes leur valeur respective.

(*) Il sera utile, avant de commencer l'étude des intervalles, de lire ce qui regarde la voix (312, 313, 314) et la mesure (316), afin de s'habituer de bonne heure à mettre en pratique les importantes recommandations qui s'y trouvent. Voir aussi le n° 348.

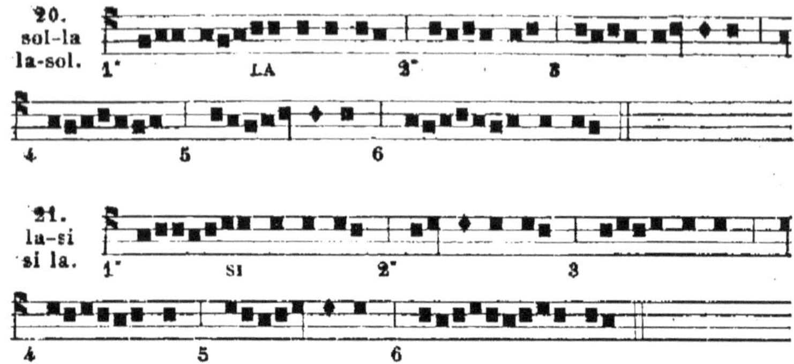

22. S'il ne contient qu'un demi-ton, on l'appelle seconde mineure *si-do, mi-fa.*

EXERCICES.

29. Comme nous l'avons déjà dit, le bémol déplace le demi-ton : ainsi *za-do* est une seconde majeure qui se chante comme *do-ré,* et *la-za* est une seconde mineure qui s'exécute comme *mi-fa* et *si-do.*

EXERCICES.

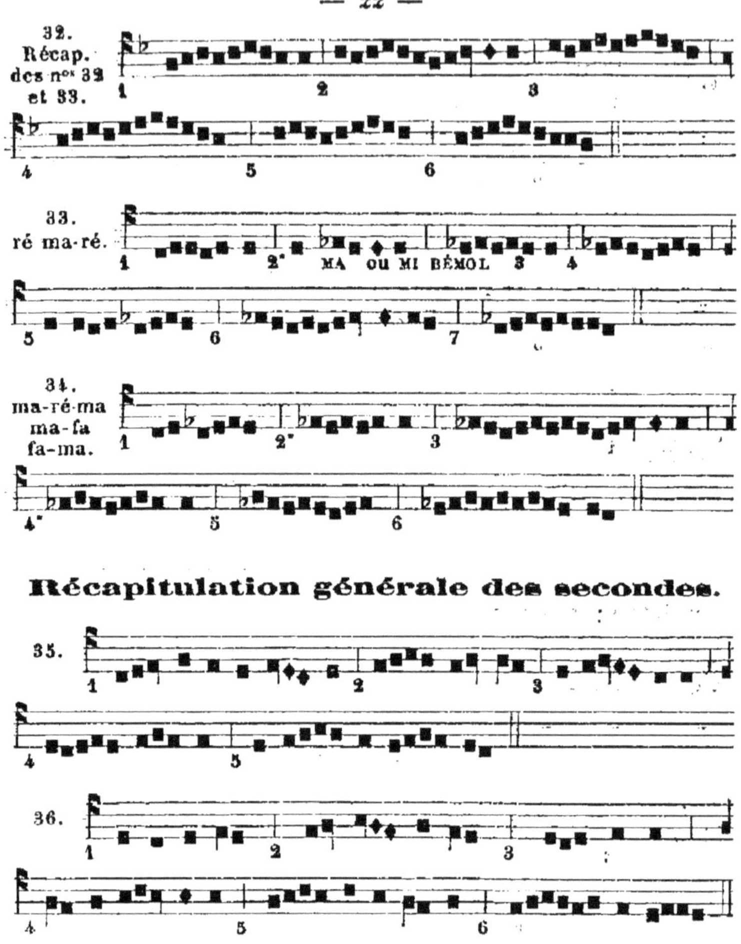

Récapitulation générale des secondes.

37.

1 2 3

4 5 6

Gammes.

43. La gamme est une suite de huit notes consécutives qui montent ou descendent et comprennent cinq tons et deux demi-tons. La huitième note n'est que la répétition de la première.

EXERCICES PRÉPARATOIRES AUX GAMMES.

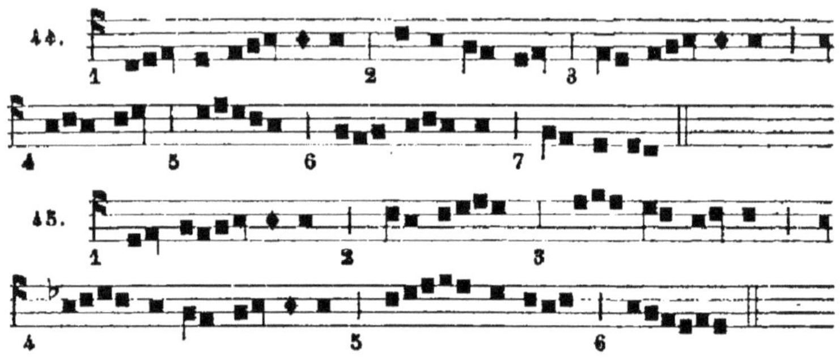

Gammes.

47. Il faut se garder de croire que toute gamme commence nécessairement par *do;* on peut commencer une gamme par une note quelconque, mais alors les demi-tons n'occupent pas la même place. Nous verrons plus tard quel parti important on a tiré de ces différentes gammes. Nous allons simplement les donner ici comme exercices de secondes (*).

(*) L'étendue des notes de la gamme étant assez considérable, ceux dont la voix ne pourrait arriver à les chanter feront bien de remettre cette étude à plus tard. Du reste, il faudra veiller à prendre tous les exercices dans un ton convenable pour les voix afin de ne pas les forcer.

L'intervalle conjoint *fa sol la si* et en descendant *si la sol fa* qui se

Une gamme est nommée d'après sa première note, ainsi la gamme en *do* est celle qui commence par *do*.

EXERCICES.

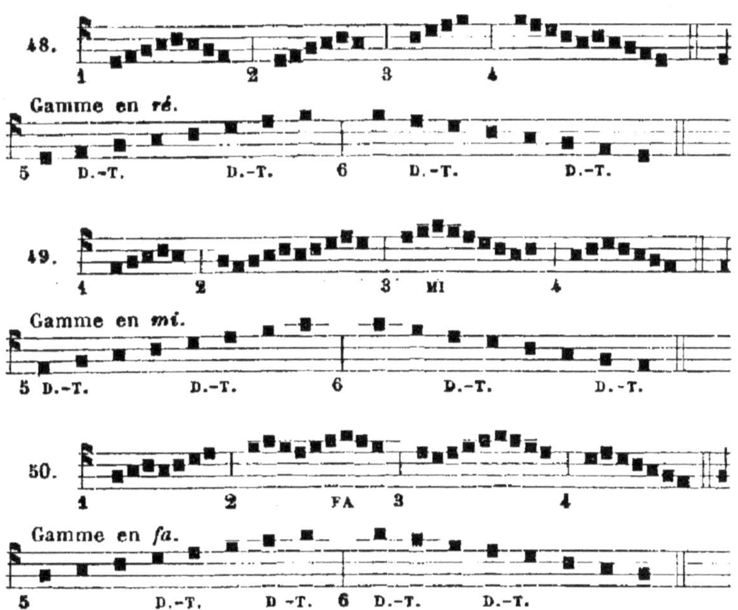

trouve dans les gammes pourra présenter quelques difficultés ; le meilleur moyen de faire le si en montant est de penser au do, en descendant on pensera au mi pour faire le fa. Si malgré cela on n'y arrive pas, il faut remettre cette étude après celle des tierces et alors chanter *fa sol la do si* et *si la sol mi fa*, puis peu à peu appuyer moins sur le *do* et sur le *mi* et les faire avec plus de rapidité, jusqu'à ce que, ces deux notes devenant à peu près insensibles, l'intervalle se trouve fait avec justesse. La même méthode pourra être employée pour bon nombre d'intervalles embarrassants, elle donne ordinairement les meilleurs résultats.

51. Presque toujours dans cette gamme en *fa* on déplace le demi-ton *si-do* au moyen d'un bémol sur le *si*, elle est alors tout-à-fait semblable à celle en *do*, les demi-tons se trouvant exactement aux mêmes endroits, comme il est facile de s'en convaincre.

EXERCICES.

TIERCES.

56. L'intervalle de tierce comprend parfois deux tons, et parfois un ton et un demi-ton.

Lorsqu'il comprend deux tons, on l'appelle tierce majeure : *do-mi* (1 ton do-ré, 1 ton ré-mi), *fa-la, sol-si, za-ré.*

EXERCICES.

65. Lorsqu'il comprend un ton et un demi-ton, il porte le nom de tierce mineure. Quelquefois le demi-ton vient après le ton en montant comme *ré-fa* (1 ton ré-mi, 1/2 ton mi-fa), ***sol-za***, *la-do*. La tierce alors s'appelle ***mineure directe***.

EXERCICES.

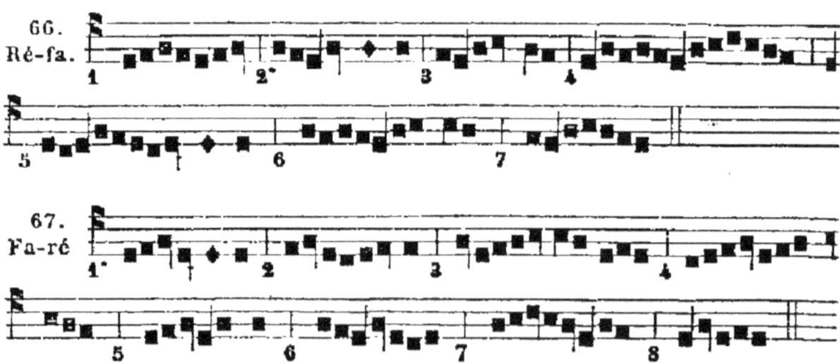

72. Parfois, au contraire, le demi-ton précède le ton : ***mi-sol*** (1/2 ton mi-fa, 1 ton fa-sol), *si-ré*. La tierce est dite alors *mineure indirecte*.

EXERCICES.

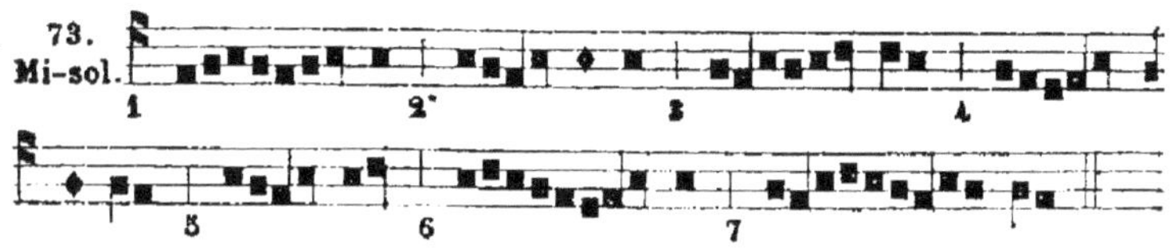

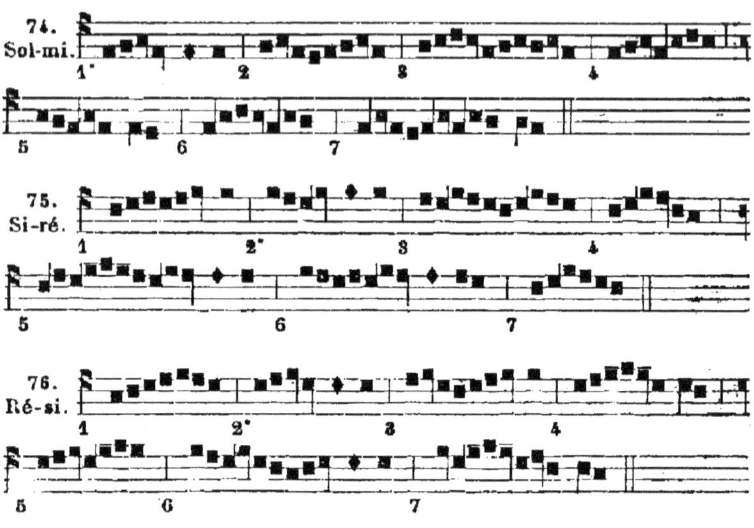

Récapitulation générale des Tierces.

80.
1
2
3
4
5
81.
1
2
3
4
5
82.
1
2
3
4
5
6
83.
1
2
3
4
5
6
84.
1
2
3
4
5
85.
1
2
3
4
5

QUARTES.

88. La quarte comprend ordinairement 2 tons et un demi-ton, c'est la quarte juste; quant à la quarte augmentée ou triton *fa-si, za-mi*, qui contient 3 tons, elle ne se voit jamais par degrés séparés dans le plain-chant, on l'y rencontre quelquefois avec des notes intermédiaires surtout en descendant : *si-sol-fa, si-la-sol-fa*, etc., mais alors même c'est un intervalle très-dur, et l'usage à peu près général est de l'adoucir soit en baissant la note supérieure, soit en haussant la note inférieure d'un demi-ton. Toutefois certains auteurs veulent qu'on l'exécute comme il est marqué.

89. La première espèce de quartes présente ses intervalles dans l'ordre suivant : 2 tons, un demi-ton : *do-fa* (1 ton do-ré, 1 ton ré-mi, 1/2 ton mi-fa), *fa-za, sol-do.*

EXERCICES.

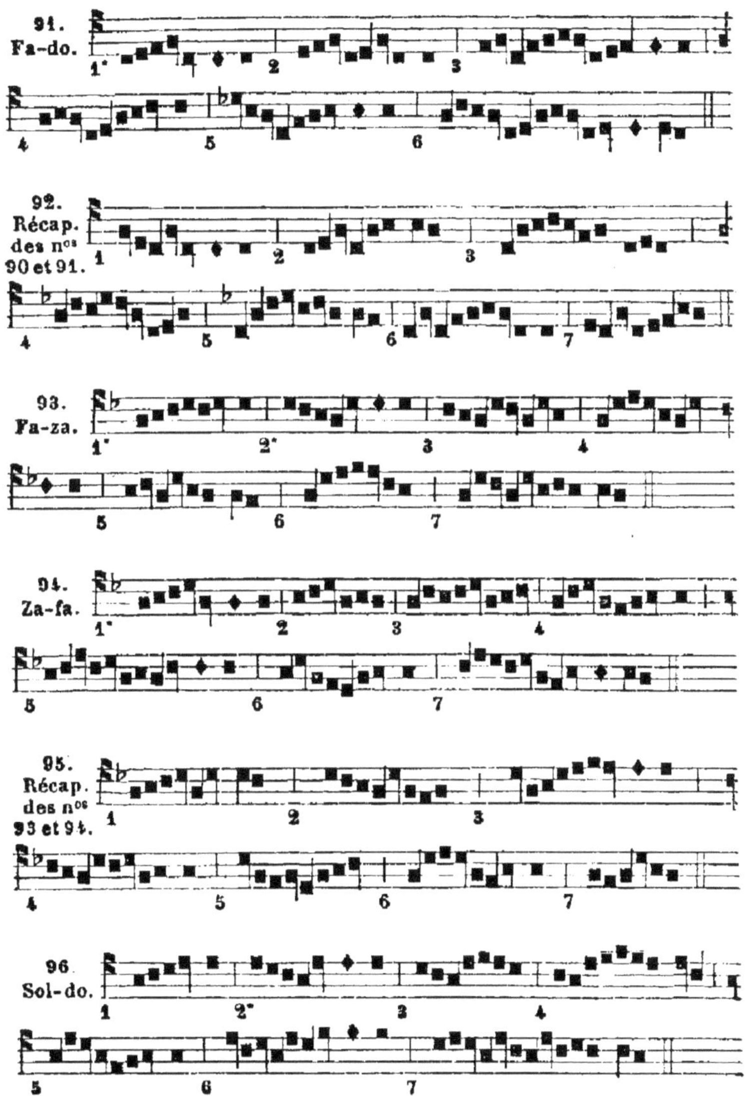
91.
Fa-do.
92.
Récap.
des nos
90 et 91.
93.
Fa-za.
94.
Za-fa.
95.
Récap.
des nos
93 et 94.
96
Sol-do.

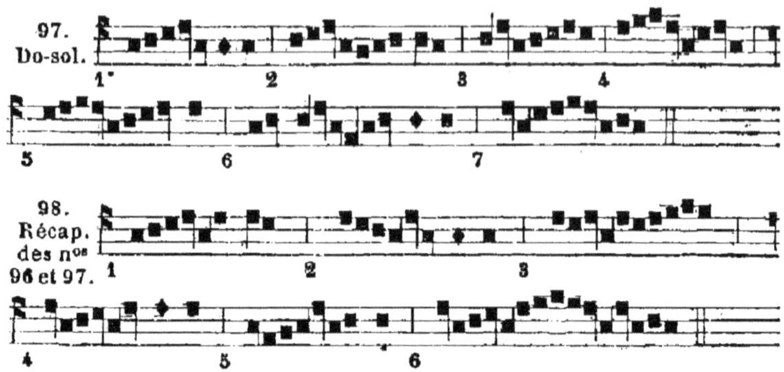

Récapitulation des Quartes de la 1re Espèce.

104. La deuxième espèce a le demi-ton entre les deux tons : *ré-sol* (1 ton ré-mi, 1/2 ton mi-fa, 1 ton fa-sol), *la-ré*.

EXERCICES.

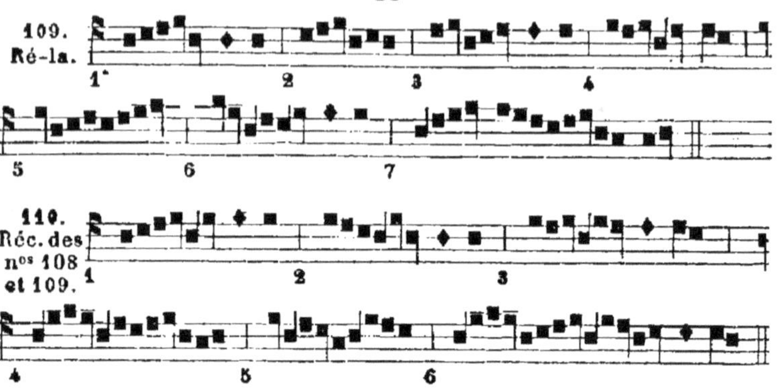

Récapitulation des Quartes de la 2e Espèce.

113. Enfin la troisième espèce commence par le demi-ton et finit par les 2 tons : *mi-la* (1/2 ton mi-fa, 1 ton fa-sol, 1 ton sol-la), *si-mi*.

EXERCICES.

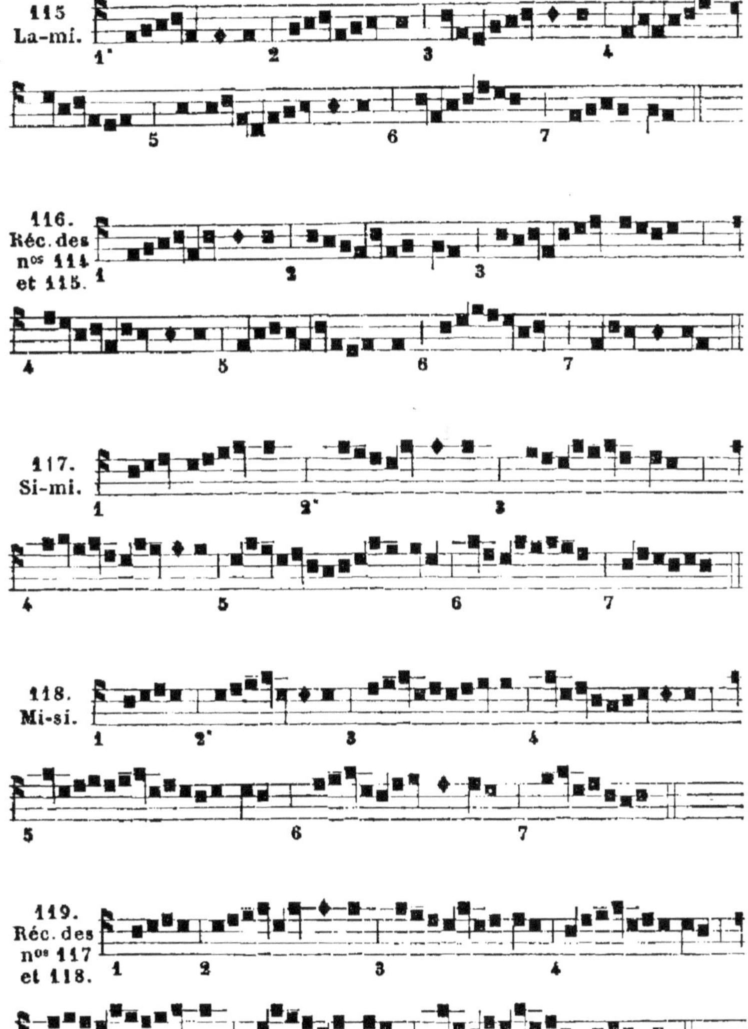
115
La-mi.
116.
Réc. des
nos 114
et 115.
117.
Si-mi.
118.
Mi-si.
119.
Réc. des
nos 117
et 118.

Récapitulation des Quartes de la 3e Espèce.

Récapitulation générale des Quartes.

125.
1
2
3
4
5
126.
1
2
3
4
5
127.
1
2
3
4
5
6
128.
1
2
3
4
5
6
129.
1
2
3
4
5
6
130.
1
2
3
4
5

QUINTES.

134. La seule quinte employée dans le plain-chant est la quinte juste, elle contient 3 tons et un demi-ton ; la quinte qui comprend 2 tons et 2 demi-tons, comme *si-fa, mi-za,* n'est pas usitée (*).

135. Il y a 3 espèces de quintes justes. La première est ainsi ordonnée : 2 tons, un demi-ton, un ton. Ex. *do-sol* (1 ton do-ré, 1 ton ré-mi, 1/2 ton mi-fa, 1 ton fa-sol), *fa-do* (lorsque le si est bémol), *sol-ré.*

(*) On en voit cependant un exemple dans l'*adoremus* entre *sanctissimum* et *sacramentum*.

EXERCICES.

136.
Do-sol.
137.
Sol-do.
138.
Réc. des
nos 136
et 137.
139.
Fa-do.
140.
Do-fa.
141.
Réc. des
nos 139
et 140.

Récapitulation des Quintes de la 1re Espèce.

150. La deuxième espèce se présente ainsi : un ton, un demi-ton, 2 tons : *ré-la* (1 ton ré-mi, 1/2 ton mi-fa, 1 ton fa-sol, 1 ton sol-la), *la-mi*.

EXERCICES.

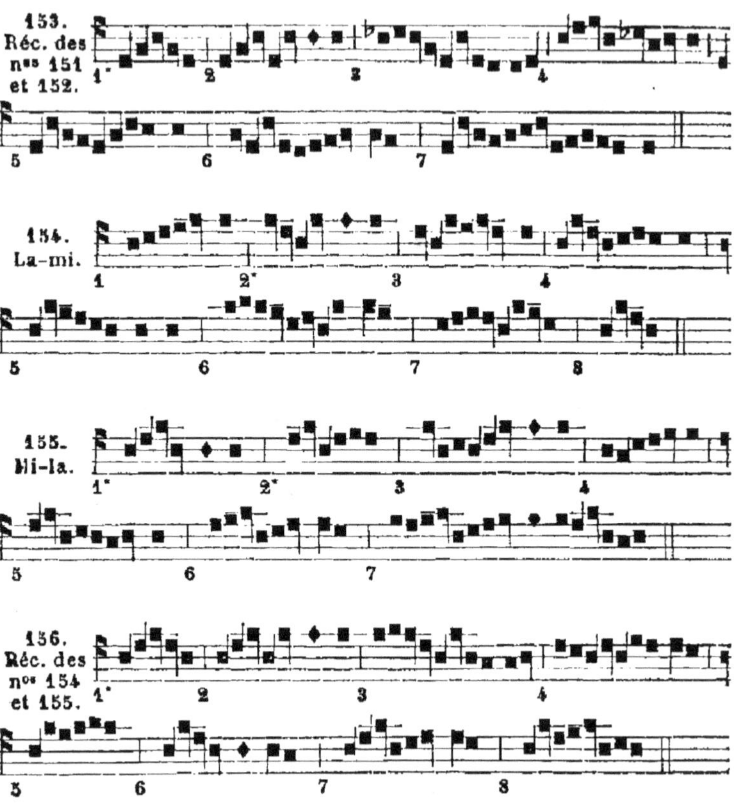

Récapitulation des Quintes de la 2e Espèce.

160. La troisième espèce commence par le demi-ton et finit par les 3 tons pleins ; elle est si rarement employée qu'il est inutile d'y insister.

Récapitulation générale des Quintes.

164.

1 2 3

4 5

165.

1 2 3

4 5 6

166.

1 2 3

3 5 6

167. Nous plaçons ici les exercices sur la clef d'*ut* 3me ligne et sur la clef de *fa* avec lesquelles il est temps de se familiariser.

Etude de la clef d'Ut 3e ligne.

NOTES PLACÉES SUR LES LIGNES.

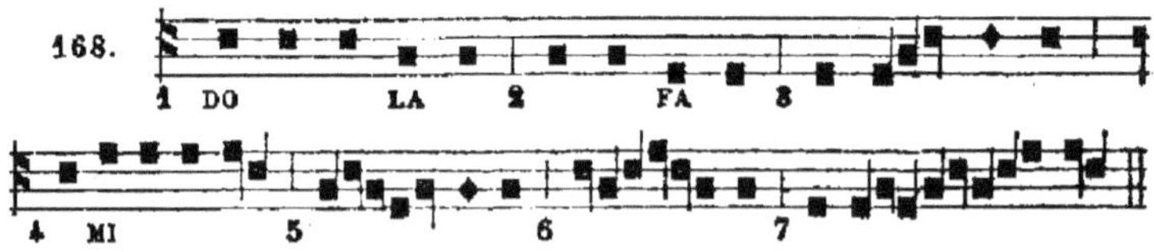

NOTES PLACÉES ENTRE LES LIGNES.

NOTES PLACÉES AU-DESSUS DE LA PORTÉE.

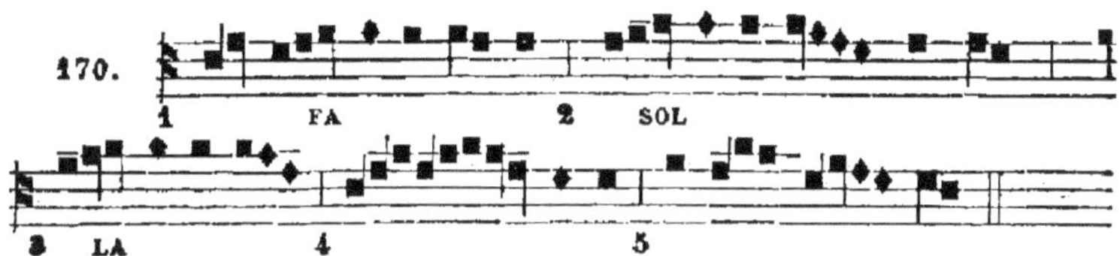

NOTES PLACÉES AU-DESSOUS DE LA PORTÉE.

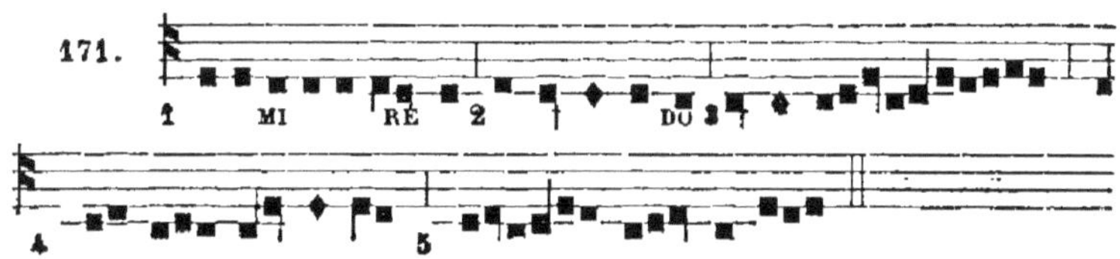

EXERCICES.

174.
1
2
3
4
5
6
175.
1
2
3
4
5
6
7
176.
1
2
3
4
5
6
177.
1
2
3
4
5
6
178.
1
2
3
4
5
6
7
179.
1
2
3
4
5
6
7

Etude de la clef de Fa.

NOTES PLACÉES SUR LES LIGNES.

NOTES PLACÉES ENTRE LES LIGNES.

NOTES PLACÉES AU-DESSUS DE LA PORTÉE.

NOTES PLACÉES AU-DESSOUS DE LA PORTÉE.

EXERCICES.

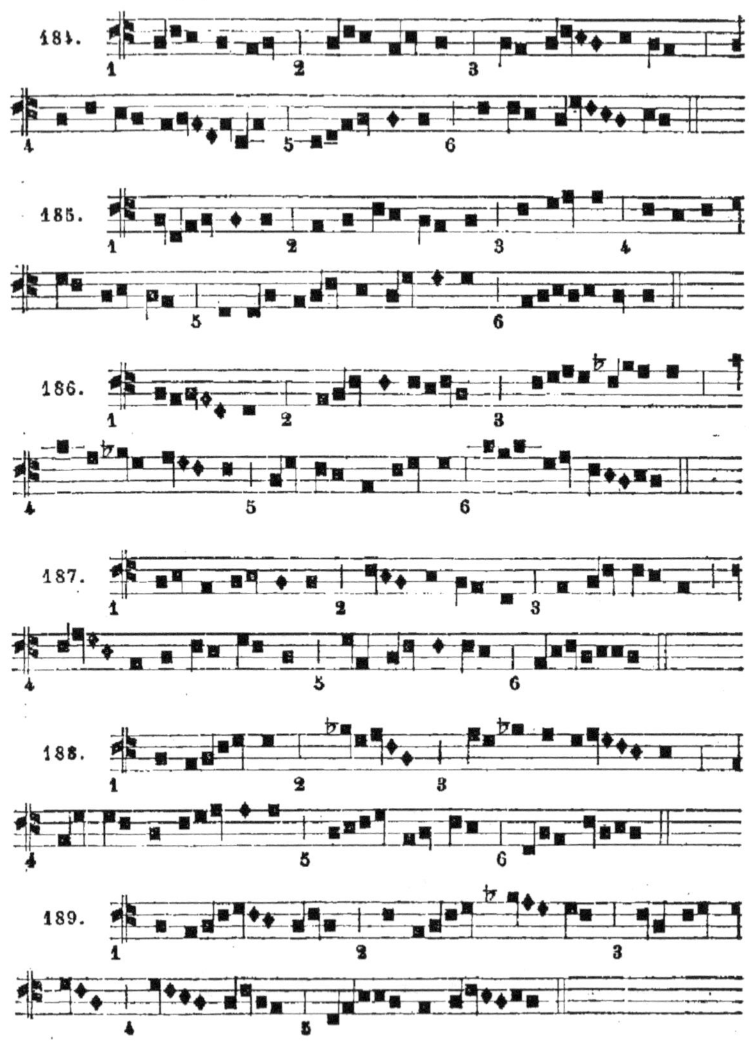

Récapitulation générale des intervalles de Seconde, de Tierce, de Quarte et de Quinte.

196.
197.
198.
199.
200.
201.

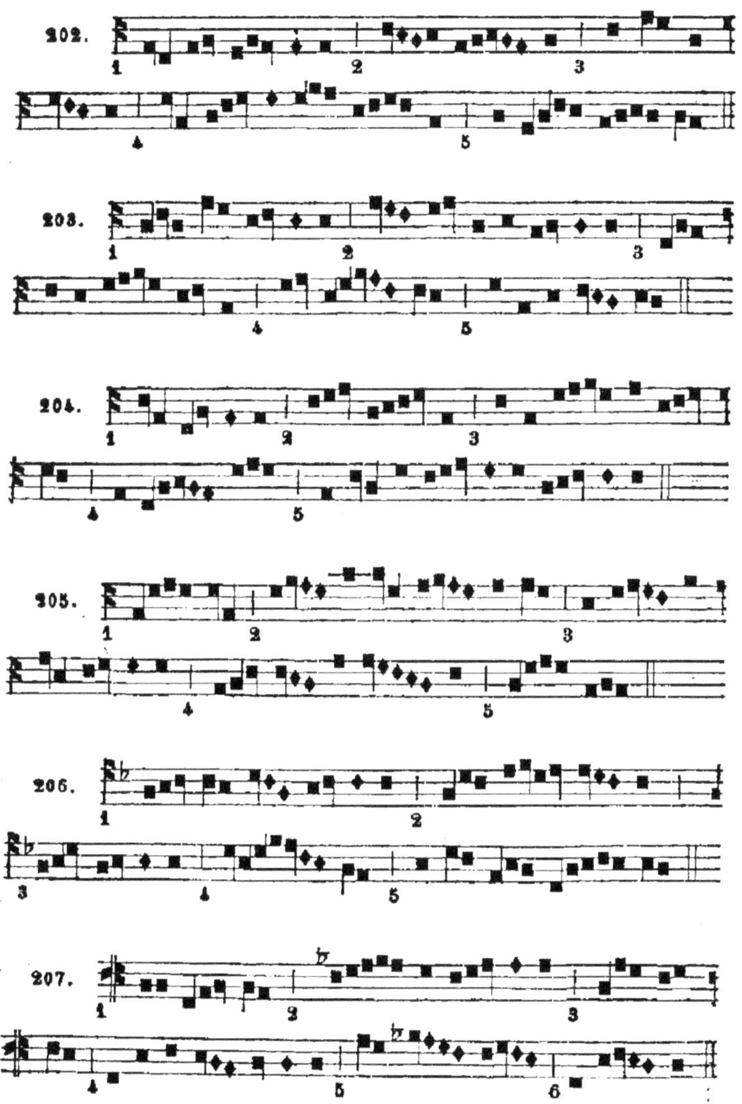
202.
1
2
3
4
5
203.
1
2
3
4
5
204.
1
2
3
4
5
205.
1
2
3
4
5
206.
1
2
3
4
5
207.
1
2
3
4
5
6

SIXTES (*).

208. L'intervalle de sixte est peu usité dans le Plain-Chant.

La sixte majeure contient quatre tons et un demi-ton qui peuvent être placés dans les deux ordres suivants :

1re Espèce : 2 tons, un demi-ton, 2 tons. Ex. : *do-la* (1 ton do-ré, 1 ton ré-mi, 1/2 ton mi-fa, 1 ton fa-sol, 1 ton sol-la), *fa-ré* (lorsque le si est bémol), *sol-mi*.

EXERCICES.

(*) Les exercices sur les sixtes et les octaves peuvent fort bien être remis à plus tard ; mais, lorsqu'on aura étudié toute la méthode, il faudra les voir avec soin ; rien n'est plus propre à perfectionner la voix soit en lui faisant acquérir de l'étendue, soit en achevant de la briser sur la pratique des intervalles.

212.
Fa-ré.
213.
Ré-fa.
214.
Réc. des nos 212 et 213.
215.
Sol-mi.
216.
Mi-sol.
217.
Réc. des nos 215 et 216.

218. 2ᵉ Espèce : un ton, un demi-ton, 3 tons : *ré-si* (1 ton 1/2 ton 1 ton 1 ton 1 ton / ré-mi, mi-fa, fa-sol, sol-la, la-si).

EXERCICES.

Récapitulation des Sixtes majeures.

225. La sixte mineure embrasse 3 tons et 2 demi-tons. Dans la première espèce, les 3 tons sont entre les 2 demi-tons : *mi-do* (1/2 ton mi-fa, 1 ton fa-sol, 1 ton sol-la, 1 ton la-si, 1/2 ton si-do), *la-fa* (quand le si est bémol).

EXERCICES.

232. Dans la deuxième espèce, il y a un demi-ton, 2 tons, un demi-ton, un ton : *si-sol* (1/2 ton si-do, 1 ton do ré, 1 ton ré-mi, 1/2 ton mi-fa, 1 ton fa-sol).

EXERCICES.

236. La troisième espèce enfin a un ton, un demi-ton, 2 tons, un demi-ton : *ré-za* (1 ton 1/2 ton 1 ton 1 ton 1/2 ton / ré-mi, mi-fa, fa-sol, sol-la, la-za).

EXERCICES.

Récapitulation des Sixtes mineures.

Récapitulation générale des Sixtes.

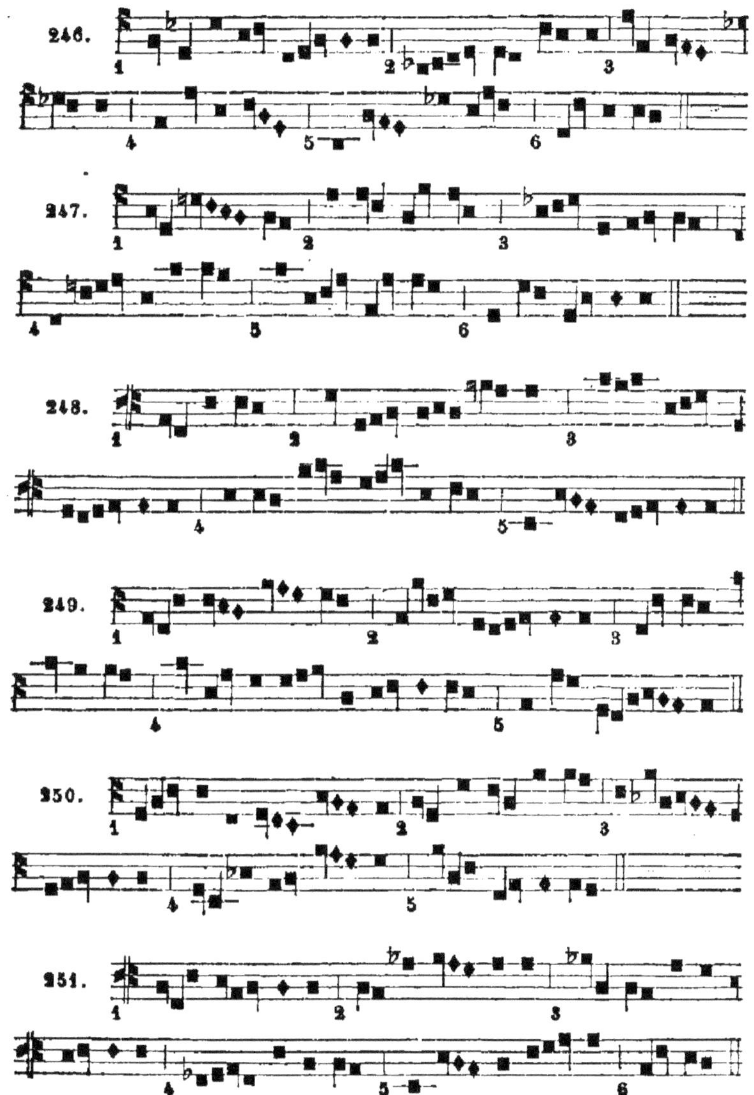
246.
247.
248.
249.
250.
251.

SEPTIÈME.

256. Nous ne parlerons pas de la septième, qui ne se trouve presque jamais dans le Plain-Chant. Le seul cas où l'on pourrait la rencontrer, c'est entre la dernière note d'un verset ou d'une phrase musicale et la première de la phrase ou du verset suivant, mais ce cas est tellement rare qu'il est inutile d'en parler (*).

(*) On en trouve un exemple au commencement de la strophe *Lava* de la prose *Veni sancte Spiritus*.

OCTAVES.

257. L'octave est l'intervalle compris entre une note et sa répétition à l'autre extrémité de la gamme commençant par cette note : *do-do, fa-fa ;* l'octave comprend toujours 5 tons et 2 demi-tons.

EXERCICES.

262.
Fa
fa.
1°
2
3
4
5
6
7
263.
Réc des
nos 261
et 262.
1°
2°
3
4
5
6
264.
Sol
sol.
1
2°
3
4
5
6
7
265.
Sol
sol.
1°
2
3
4
5
6
7
266.
Réc. des
nos 264
et 265.
1°
2°
3
4
5
6
267.
Ré
ré.
1
2°
3
4
5
6
7
8

268. Ré \ ré. 1 2 3 4
5 6 7

269. Réc. des nos 267 et 268. 1 2 3
4 5 6

270. La / la. 1 2 3 4
5 6 7 8

271. La \ la. 1 2 3 4
5 6 7

272. Réc. des nos 270 et 271. 1 2 3
4 5 6 7

273. Mi / mi. 1 2 3 4
5 6 7

274.
Mi
mi.
1
2
3
4
5
6
7
275.
Réc. des
nos 273
et 274.
1
2
3
4
5
6
7
276.
Si
si.
1
2
3
4
5
6
7
8
277.
Si
si.
1
2
3
4
5
6
7
278.
Réc. des
nos 276
et 277.
1
2
3
4
5
6
7

Récapitulation générale des Octaves.

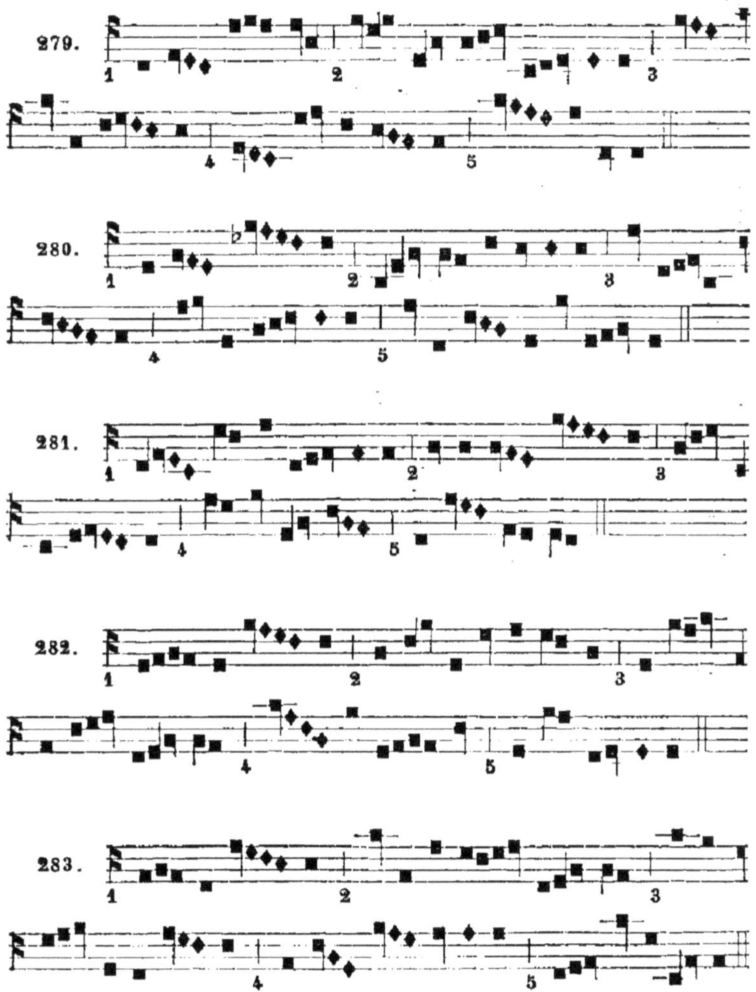

284.
1
2
3
4
5
285.
1
2
3
4
5
6
286.
1
2
3
4
5
287.
1
2
3
4
5
288.
1
2
3
4
5
6
289.
1
2
3
4
5

MODES.

294. Les différents morceaux de chant produisent dans l'âme des impressions de nature diverse. Les uns sont gais, les autres tristes, mélancoliques, etc. La prose *Dies iræ*, par exemple, n'a pas le même caractère que la prose *Lauda Sion;* les répons de l'office de Noël ne ressemblent pas au *Libera*. Or, ce qui, dans un morceau de chant, produit ces

différentes affections, est ce que l'on appelle mode. Le mode dépend de la gamme qui a servi de base au morceau. Nous avons vu (47) que chacune des notes peut commencer une gamme, mais toutes ces gammes ne sont pas également satisfaisantes à l'oreille. Il suffit, en effet, de chanter les gammes commençant par *si* ou par *mi*, et celle dont la première note est *do*, pour voir la différence qui existe entre elles. Celle-ci est complète ; les autres, au contraire, ne semblent pas terminées, on attend quelque chose de plus. Il en est de même des morceaux auxquels ces gammes servent de fondement : un chant fait sur la gamme en *do* est beaucoup plus agréable que celui qui a pour base la gamme en *mi*.

295. Les gammes qui satisfont le plus l'oreille sont les gammes en *do* et en *la* (*). Comme nous l'avons déjà dit (51), en bémolisant le *si*, on rend la gamme en *fa* semblable à celle en *do*, il en est de même de celle en *ré* qui, au moyen du *si bémol*, devient la même que celle en *la*. La gamme en *sol* serait aussi identique à celle en *do* si le *fa* était diésé.

296. La première note de chaque gamme porte le nom de *tonique*. C'est la note principale du chant construit sur

(*) A cause de leur première tierce *do-mi* qui est majeure et *la-do* qui est mineure, ces gammes portent en musique le nom de gamme majeure et gamme mineure, et les modes qui les ont pour base sont appelés modes majeur et mineur. Ce serait peut-être ici le lieu de faire remarquer qu'une différence essentielle entre le plain-chant et la musique, c'est que la musique n'a que ces deux modes, tandis que le plain-chant, indépendamment de ceux-là, en possède d'autres, ceux en *mi* par exemple, au moyen desquels il produit des effets que la musique est impuissante à rendre.

cette gamme, et le morceau finit toujours par cette note (*) que pour cette raison on appelle aussi finale. Il y a en outre dans chaque mode une autre note qui revient le plus souvent après la tonique, on l'appelle *dominante.*

297. Chaque gamme peut se diviser en deux parties : une quinte et une quarte ; ainsi la gamme en *ré* a la quinte *ré-la* et la quarte *la-ré,* (*ré-mi-fa-sol-la, la-si-do-ré*) ; or, le mode peut changer selon que dans le morceau la quarte *la-ré* se trouve au-dessus ou au-dessous de la quinte *ré-la.* En d'autres termes, le morceau peut s'étendre de la tonique *ré* à l'octave *ré,* c'est-à-dire avoir tout son chant au-dessus de la tonique, ou aller simplement au-dessus de la tonique jusqu'au *la,* et descendre au-dessous jusqu'au *la.*

298. Ainsi, chaque note pourrait servir de fondement à deux modes différents, ce qui ferait 14 modes ou tons ; mais le Plain-Chant moderne n'en admet que 8. Les deux premiers ont pour tonique *ré,* les 3me et 4me *mi,* le 5me et le 6me *fa,* le 7me et le 8me *sol.*

299. Les tons impairs : 1, 3, 5, 7 ont leur chant au-dessus de la tonique ; les tons pairs, au contraire, l'ont au-dessus et au-dessous. On appelle les premiers *authentiques* et les seconds *plagaux.*

300. Certains morceaux s'étendent à la fois au-dessus de la tonique comme dans les modes impairs et au-dessous comme dans les modes pairs ; on les appelle *modes* ou *tons mixtes ;* ils sont quelquefois d'une grande richesse, témoin la prose *Lauda Sion.*

(*) Moins pourtant quelques chants incomplets comme les versets, les psaumes, etc., qui ne finissent pas toujours par la tonique ; mais encore faut-il remarquer à l'égard des psaumes, qu'ils ne sont complétés que par l'antienne qui les suit, et que celle-ci est toujours terminée par la tonique.

301. Il existait autrefois des modes en *la* et en *do*, mais au moyen de transpositions (*) on les a rattachés aux tons en *ré* et en *fa*. Ils sont appelés assez souvent modes ou tons *irréguliers*.

302. Un mot maintenant sur chacun des tons ou modes.

Le 1er et le 2me sont en *ré* et ont pour dominante le 1er *la* et le 2me *fa* ; ils ont souvent le *si bémol*, ce qui les rend très-beaux.

Le 3me et le 4me ont pour tonique *mi* ; la dominante du 3me est *do* et celle du 4me *la*. Les deux modes en *mi* sont les moins parfaits, aussi les beaux morceaux y sont-ils plus rares que dans les autres modes.

Les 5me et 6me modes sont en *fa*, avec la dominante *do* pour le 5me et *la* pour le 6me. A cause du bémol qui s'y rencontre presque toujours, ils doivent être regardés comme les plus brillants des 8 modes.

Enfin le 7me et le 8me ont pour tonique *sol* et pour dominante le 7me *ré* et le 8me *do*. L'absence du *fa dièse* qui les rendrait semblables aux modes en *do*, fait qu'ils sont parfois gênés et difficiles.

(*) Nous avons vu plus haut (295) qu'en bémolisant le *si*, on rend les gammes en *fa* et en *ré* semblables à celles en *do* et en *la*, les demi-tons se trouvant aux mêmes places ; c'est là ce que l'on appelle une *transposition*. Transposer c'est donc reproduire un chant au moyen d'autres notes que celles du chant primitif, de telle manière que, en ajoutant ou en retranchant des accidents, les tons et les demi-tons se trouvent aux mêmes endroits que dans le premier morceau.

DEUXIÈME PARTIE.

APPLICATION DE LA PAROLE AUX NOTES.

303. Après avoir solfié, il faut appliquer les paroles aux notes ; mais le passage de la solmisation à l'application n'est pas sans offrir des difficultés sérieuses.

Avant d'entamer cette étude, commençons par nous bien rendre compte de ce qu'elle exige de nous.

1° Il faut que, tout en cessant de solfier, nous ayons dans la mémoire le nom des notes et dans l'oreille le son de chacune d'elles, de manière à faire les intervalles avec le plus de justesse possible.

2° Nos yeux auront double besogne : ils devront lire à la fois et les notes et les paroles.

3° Il faudra en outre distinguer les notes qui appartiennent à chaque syllabe du texte.

Joignons à céla la vigilance nécessaire pour bien lire et prononcer le latin avec lequel bon nombre d'élèves ne sont pas familiarisés, et nous comprendrons qu'on peut solfier parfaitement et cependant se trouver encore arrêté quelque temps par ces difficultés.

304. Mais le devoir d'une bonne méthode n'est pas seulement de signaler les difficultés, elle doit surtout enseigner à les vaincre. Or, il faut l'avouer, les auteurs donnent fort peu de moyens pour passer de la solmisation à l'application ; la plupart toutefois indiquent un procédé de vocalisa-

tion qui consiste à donner à chaque note le son qu'elle doit avoir, en prononçant la voyelle *a*. Ex. :

ce qui a l'avantage de déshabituer de la solmisation, tout en accoutumant à ne pas attacher le son de chaque note aux mots *do, ré, mi,* etc. Ce moyen a du bon et est assez généralement adopté, nous ne pouvons que le conseiller.

305. Mais à ceux qui trouveraient encore de la difficulté à faire franchir tout d'un coup la distance qui sépare la solmisation de la vocalisation et celle-ci de l'application, nous donnons une méthode employée par nous et qui nous a toujours parfaitement réussi ; elle a l'avantage de marcher progressivement, de manière à ce que chaque série d'exercices réponde aux difficultés que nous avons signalées. Peut-être paraîtra-t-elle puérile au premier abord, mais par cela même elle convient aux enfants qu'elle instruit tout en les amusant, et sans qu'ils s'en aperçoivent. D'ailleurs qu'on l'essaie sur quelques élèves, on reprendra l'autre méthode si les résultats de la nôtre ne sont pas satisfaisants.

306. I. Remplacer la première lettre du nom de chaque note par une des consonnes suivantes : *t, p, b, j, n, v, x, c, g*.

Ainsi, au lieu de dire comme en solfiant : *do, ré, mi, fa, sol, la, si, za,* on dira : *to, té, ti, ta, tol, ta, ti, ta,* ou bien *bo, bé, bi,* etc., *no, né, ni,* etc.

Ceux qui emploient *ut* au lieu de *do* pourront dire : tu, bu, nu, etc.

Il sera bon de prendre les consonnes dans l'ordre où nous les avons placées, les difficultés de prononciation seront mieux graduées. Il faudra dans cet exercice veiller à bien attaquer chaque syllabe nettement et sans traîner, on repassera de cette manière les récapitulations des secondes, tierces, quartes, etc. De temps en temps, on dira sans aucune consonne : *o, é, i, a, ol,* etc., afin de s'habituer à attaquer franchement les voyelles (*). Ex. :

ta ti to té to té ti to, ta tol ta ta tol, to ti to ta tol tol ta.
ba bi bo, etc. a ol a a ol, etc. (**).

307. II. Prononcer la même syllabe sur toutes les notes ; ainsi dans l'exemple précédent, au lieu de dire : *ta, ti, to, te,* etc., dire : *ta, ta, ta, ta,* ou *to, to, to, to,* ou *ba, ba, ba, u, u, u, is, is, is,* etc. On peut varier cet exercice d'une infinité de manières, l'attention devra se porter surtout sur les intervalles. Revoir de cette manière les récapitulations (***).

(*) Le but de cette première manière de vocaliser est de forcer les élèves à penser au nom de la note qu'ils chantent, chose de la plus haute importance puisqu'elle est la clef de l'application.

(**) Dans tous ces exercices, c'est au maître à indiquer à quel moment on devra changer de consonne. Il va sans dire qu'on ne doit, là comme partout, passer à un exercice que lorsque le précédent est parfaitement su. Si donc on se trouve arrêté par quelque difficulté, il faut reprendre, sur l'endroit même qui embarrasse, les exercices précédents. Par exemple, celui qui serait arrêté dans le deuxième genre d'exercices sur la vocalisation, devrait recommencer la phrase en employant le procédé du premier genre et même solfier si c'était nécessaire.

Tous ces exercices sont très-utiles même pour la prononciation dont ils découvrent les défauts.

(***) Le but de ce second genre d'exercices est de s'habituer à chanter en prononçant sur les notes des mots de plus en plus différents de *do, ré, mi,* etc. ; les yeux lisent, la pensée dit : *do, ré, mi,* mais la bouche dit : *ta, ta, ta.*

308. III. Faire le même exercice sur des morceaux de Plain-Chant avec paroles en observant ce qui suit : toutes les fois qu'il y a plusieurs notes sur une syllabe, par ex. :

on ne prononcera la consonne que sur la première de ces notes, et le son sera prolongé sur les autres par une seule et même émission de voix (*). Cependant, lorsque les notes d'une même syllabe étant trop nombreuses seront séparées par un repos, on attaquera la note qui suit le repos en articulant la voyelle précédente, mais non la consonne, comme il suit :

Certaines syllabes sont terminées par une consonne comme *arbor*, *corpus*, *sanctus ;* la consonne finale ne doit alors se prononcer que sur la dernière note appartenant à cette syllabe.

(*) C'est ce qu'on appelle *lier*, et le Plain-Chant doit toujours être lié. Nous l'avons déjà dit, ce serait complètement contraire à l'essence du Plain-Chant de saccader les notes et de dire par exemple comme s'il y avait une h aspirée : *Ky hy hy hy ri-e he he he he*, etc.

Nous avons disposé les récapitulations par groupes de notes, de telle sorte qu'elles puissent servir d'étude pour ce troisième procédé de vocalisation. Il faudra alors faire l'articulation toutes les fois qu'on changera de groupe, ou qu'il y aura une note isolée.

309. Ces exercices une fois sus, l'application des paroles aux notes n'est plus qu'une bagatelle. Toutefois, comme il ne suffit pas de chanter, mais qu'il est nécessaire de bien chanter, et qu'entre chanter et bien chanter il y a une immense différence, nous donnerons ici quelques conseils pour arriver à ce but. Nous engageons fortement les élèves à y attacher une grande importance. Tout ce qui tient au service de Dieu doit être traité avec la plus grande attention et le plus grand respect, le chant non moins que le reste, car un chant bien exécuté produit un effet extraordinaire sur ceux qui l'entendent, et il n'est pas rare de voir des personnes verser, à l'audition d'un chant rendu avec âme, des larmes qu'elles eussent peut-être refusées aux sermons les plus touchants.

PRONONCIATION.

310. Il faut avant tout veiller à bien prononcer, et, pour cela, s'exercer beaucoup à lire le latin sous la direction d'un maître expérimenté.

311. Nous ne pouvons exposer ici toutes les règles de la prononciation, nous donnerons seulement quelques avis relatifs aux défauts les plus communs.

1° La première chose à observer, c'est de bien articuler les syllabes, de les attaquer nettement, c'est-à-dire de les

(*) Le but de ce troisième genre de vocalisation est d'habituer les yeux aux changements de groupes de syllabes. Il apprend aussi à exécuter les notes liées.

prononcer sans les faire précéder d'une longue traînée de voix ; mais en même temps que ce soit sans affectation ; le naturel doit toujours présider au chant.

2° Il faut ne pas faire éclater la voix sur les voyelles sonores *a, é, o ;* ces sons devront, au contraire, être adoucis le plus possible, mais on s'efforcera d'appuyer sur les syllabes sourdes comme *é, i, u.* Il faudra donner à toutes leur son propre et ne pas dire par exemple *damineus, kérié*, etc. ; sans doute l'émission de certains sons offre des difficultés, mais qu'on les exécute comme ils doivent l'être, et au bout de quelque temps ils deviendront tout aussi faciles que les autres.

De même on devra se bien garder de faire précéder les voyelles d'une autre voyelle qui n'est pas écrite, par exemple *duominus, deius meius.*

3° Evitez de prononcer trop du nez les syllabes nasales telles que *in* dans *intende, an* dans *sanctus.* Cependant il faut faire sentir suffisamment le son nasal et ne pas dire par exemple *sa a a anctus,* mais bien : *san an an anctus.*

4° Evitez de même de chanter de la gorge, les sons gutturaux étant fort peu agréables.

5° L'*s* finale ne doit pas se prononcer comme le *z,* ainsi ne dites pas : *ó salutari zostia, quæ cœli pandi zostium,* mais dites : *ó salutariss hostia, quæ cœli pandiss ostium.* On en excepte le cas où les deux mots n'en font qu'un par le sens comme *locutus est.*

VOIX ET EXPRESSION.

312. Donner de l'expression, c'est rendre en chantant la pensée contenue dans un morceau. Impossible donc à celui qui ne comprend pas le latin de donner à une pièce

de chant toute l'expression que comportent les paroles. Malgré cela, il est certains caractères généraux auxquels on ne peut se méprendre, aucun chantre sensé n'exécutera par exemple le *Dies iræ* comme la prose de Pâques (*).

313. Avant tout, il faut être bien maître de sa voix, la gouverner absolument à sa volonté. Pour cela, on devra l'exercer beaucoup, ne jamais la forcer, mais en même temps ne pas craindre de lui faire émettre les sons avec ampleur, éviter de ne chanter qu'à demi-voix, apporter une attention spéciale au changement de registre (**). Cela regarde surtout les enfants.

Jusqu'à l'âge de 14 ans environ où la voix commence à changer, les enfants ont à leur service deux espèces de sons, les uns élevés, s'étendant depuis le *la* ou le *si* du diapason (***) jusqu'au *sol* aigu, c'est leur petite voix ou voix de tête, les autres depuis le *do* d'en bas jusqu'au *la*, c'est la grosse voix ou voix de poitrine ; or, le passage de l'un à l'autre de ces deux registres est quelquefois très-dur. Cela provient du manque d'exercice ; on devra s'efforcer à mesure que la voix de poitrine montera de l'adoucir de plus en plus, de manière que sa note la plus élevée ait à peu près le même timbre que la plus basse du registre de tête ; celle-ci, au contraire, devra être un peu renforcée lorsqu'elle se trouvera en contact avec les notes de poitrine ; du reste, tout cela se comprendra bien mieux par la pra-

(*) La lecture du texte français pourrait aider à faire comprendre le sens général du morceau.

(**) On appelle registre la suite des sons que l'on émet avec le même timbre de voix Ce mot, du reste, va être complètement expliqué par ce qui suit.

(***) Le diapason est un petit instrument qui ne donne qu'une seule note, le *la*, et sur lequel on règle tous les autres instruments.

tique que par toutes les explications que nous pourrions donner. Nous ajouterons seulement un mot, c'est qu'il est de toute nécessité d'habituer les enfants à se servir de la voix de tête, celle de poitrine étant extrêmement criarde et désagréable lorsqu'elle monte au-dessus du *la* (*).

Pendant le temps de la mue ou du changement de la voix d'enfant en voix d'homme, on devra cesser tout exercice qui serait de nature à fatiguer la voix : ceux qui la forcent dans ce moment la perdent pour l'avenir.

Quant aux voix d'hommes, elles devront être adoucies dans les sons élevés, sous peine de forcer les auditeurs à se boucher les oreilles, ce qui n'est pas précisément le but du chant.

314. Une fois bien maître de sa voix, le chantre devra autant que possible rechercher le genre du morceau et le degré de solennité de l'office. Il chantera plus gravement le jour de Pâques qu'un simple dimanche, plus gravement aussi dans les moments les plus solennels de la messe, au *Sanctus*, par exemple, qu'à l'*Introït;* il évitera les notes d'agrément souvent fort peu agréables, les tremblements de voix qui ne font que défigurer le chant, les accords qui

(*) Pour arriver à ce résultat, on peut commencer par faire émettre aux enfants des sons élevés comme le *ré*, le *mi*, le *fa*, etc., en leur faisant remarquer qu'il suffit qu'on les entende, et qu'il n'est pas nécessaire qu'ils fassent beaucoup de bruit ; si l'on a à sa disposition un autre enfant qui sache se servir de sa voix de tête, il faut le faire chanter et engager les autres à l'imiter. Quand ils auront une fois obtenu la note, on leur fait descendre la gamme en ayant bien soin d'exiger qu'ils ne passent à la voix de poitrine que le plus bas possible; au bout de quelques jours, ils y seront accoutumés, et tout le monde y aura gagné, les chanteurs qui seront moins fatigués, et les auditeurs qui n'auront plus les oreilles déchirées.

ne doivent être faits que lorsqu'on chante en faux-bourdons, la mollesse dans le chant, et en général, comme nous l'avons déjà dit, tout ce qui n'est pas naturel.

315. Pour arriver à bien rendre un morceau, il sera parfois nécessaire de filer un son. Filer un son, c'est le commencer en le faisant fort peu entendre, puis tout en le maintenant à la même hauteur, en augmenter l'intensité jusqu'à ce que la voix se déploie complètement, et revenir ensuite au son doux par lequel on a commencé. Quelquefois le son devra être seulement augmenté ou seulement diminué (*). Du reste, c'est le bon goût et l'exemple des bons chantres qui, dans tout ce qui regarde l'expression, sont les meilleurs guides à suivre.

MESURE.

316. Lorsqu'on chante en chœur, c'est-à-dire plusieurs ensemble, il est de toute nécessité que les voix n'avancent pas plus l'une que l'autre, sans quoi on n'obtiendrait qu'une horrible cacophonie.

Pour avoir de l'ensemble, et sans ensemble pas de bonne exécution possible, il y a plusieurs choses à observer.

1° Le morceau doit être entonné avec le degré de lenteur ou de vitesse qu'il devra conserver, et le chœur continuera sans avancer ni retarder le mouvement pendant la durée du morceau, à moins que le sens ne l'exige.

2° On devra apporter une attention scrupuleuse à donner à chaque note la valeur qu'elle doit avoir.

(*) Il est inutile de dire que ces ornements ne doivent s'employer que lorsqu'on chante seul, à moins qu'il n'y ait un signe qui les indique ; autrement, on risquerait de les faire chacun à sa guise, par conséquent sans ensemble, ce qui serait du plus mauvais effet.

3° Tous devront s'arrêter dans les endroits où il y a des signes de repos, sur la grande barre plus longtemps que sur la petite ; si quelques chantres éprouvent le besoin de respirer dans d'autres endroits, ils le feront avec promptitude en prenant le temps sur une note sans pour cela ralentir la mélodie ; mais tous s'arrêteront aux signes de repos. C'est le moyen d'avoir un chant réglé, expressif, et dénué de cette monotonie qui caractérise si souvent, hélas ! le chant de bien des églises (*).

4° Ceux qui auraient des voix très-fortes devront les adoucir afin qu'elles ne dominent pas les autres, ce qui produirait un très-mauvais effet. Dans un chœur, on doit entendre une masse de voix, sans en distinguer aucune en particulier.

TON DES MORCEAUX ET TRANSPOSITION.

317. Nous avons vu que parmi les morceaux les uns descendent plus bas et les autres montent plus haut. On doit se guider là-dessus pour le ton à prendre.

Voici en quelques mots la règle la plus simple et la meilleure à suivre :

Dans les modes impairs, prendre le ton de la tonique vers le bas de la voix ; dans les modes pairs, le prendre vers le milieu. Cette règle résulte de la constitution même des modes.

Quand on a à sa disposition un instrument, on prend ordinairement la dominante de chaque ton sur le *la* du dia-

(*) Nous avons déjà indiqué (308) un signe de repos différent des barres. C'est lorsque, un certain nombre de notes se trouvant sur une syllabe, deux d'entre elles sont séparées par un espace vide. Voyez plus haut (308) la notation du *Kyrie* et de l'*Alma*.

pason. (Les harmoniums ou orgues sont assez généralement accordés au ton du diapason, la dominante sera donc sur le *la* de ces instruments ; s'ils étaient un demi-ton plus bas, comme cela arrive quelquefois, on prendrait pour dominante *si bémol*. Quant aux ophicléides, saxhorns, basses ou barytons, etc., ceux dits en *ut* ou *do* donneront aussi le *la*, ceux en *si bémol* donneront le *si*).

Pour les morceaux mixtes qui sortent des limites ordinaires, on s'arrangera de manière que la note la plus haute du morceau se fasse sur le *mi* du diapason ; les notes basses ne dépasseront pas dans ce cas le *si* ou le *la* d'en bas, notes qui résonneront plus ou moins, mais qui seront faisables.

C'est là ce qui se pratique le plus généralement, mais on comprend du reste que cette règle doit subir des modifications suivant la nature des voix. On ne devra à peu près jamais chanter sur un ton plus élevé, mais dans bien des endroits les voix, plus graves, exigeront qu'on prenne pour dominante *sol* ♯, *sol*, *fa* ♯ ou même *fa*. En un mot, choisissez le ton le plus favorable pour que le chant ne soit ni trop haut, ni trop bas ; dans le premier cas, il serait plutôt crié que chanté, ce qui lui enlèverait toute sa grâce ; dans le second, les voix n'auraient ni ampleur ni vigueur, ce qui priverait le chant de sa vie et de son entrain, et l'empêcherait, par conséquent, de produire son effet.

318. C'est peut-être ici le lieu de dire un mot de la transposition.

Il est parfois nécessaire, à cause de la nature des voix ou du ton des instruments, de transposer un morceau de chant. Il n'y a aucune difficulté pour les voix, mais il n'en est pas de même des instruments, qui sont obligés alors de déplacer les demi-tons et de faire des dièses ou des bémols en quantité suffisante pour que le chant soit le même.

Nous n'exposerons pas ici les règles de la transposition, elles sont assez compliquées et sortiraient du cadre d'un ouvrage élémentaire ; nous nous contenterons de donner un tableau où nous indiquerons le nombre de dièses ou de bémols correspondant à la dominante que l'on voudra prendre dans chacun des tons.

319. Nous ferons d'abord remarquer que les dièses se présentent toujours dans l'ordre suivant :

fa, do, sol, ré, la, mi, si

et les bémols dans l'ordre inverse :

si, mi, la, ré, sol, do, fa.

	1er, 4me, 6me modes.	3me, 5me, 8me modes.	2me mode.	7me mode.	Nombre des dièses.	Nombre des bémols.
DOMINANTES.	la. . . .	do . . .	fa. . . .	ré . . .	0	0
	si ♭. . .	ré ♭. . .	sol ♭. .	mi ♭. .	0	5
	si. . . .	ré. . . .	sol . . .	mi . . .	2	0
	do . . .	mi ♭ . .	la ♭. . .	fa. . . .	0	3
	do ♯ . .	mi . . .	la. . . .	fa ♯. . .	4	0
	ré. . . .	fa. . . .	si ♭. . .	sol. . .	0	1
	ré ♯. . .	fa ♯. . .	si. . . .	sol ♯. .	6	0
	mi . . .	sol . . .	do . . .	la. . . .	1	0
	fa. .	la ♭. . .	do ♯. .	si ♭. . .	0	4
	fa ♯. .	la. . . .	ré . . .	si. . . .	3	0
	sol . . .	si ♭. . .	mi ♭ . .	do . . .	0	2
	sol ♯ . .	si. . . .	mi . . .	do ♯. .	5	0

Voici la manière de se servir de ce tableau. Je suppose

que dans le 5me mode je veuille prendre pour dominante *la*, je cherche dans la colonne *verticale* du 5me mode, qui se trouve avec les 3me et 8me, la note *la*, en suivant jusqu'au bout la ligne *horizontale* du *la*, je trouve que le nombre correspondant est trois dièses ; il faudra donc diéser trois notes : *fa, do, sol*, qui sont les premières dans l'ordre des dièses.

De même si, dans le 7me mode, je veux prendre *si bémol* pour dominante, je trouverai au bout de la ligne horizontale du *si* ♭, pris dans la colonne du 7me mode, 4 bémols ; j'aurai donc : *si* ♭, *mi* ♭, *la* ♭, *ré* ♭.

320. Il est à remarquer que lorsque, dans un morceau, il y aura un *si* ♭ à la clef, il faudra dans la transposition ajouter un bémol ou retrancher un dièse.

Ainsi, dans le 6me mode, si l'on prend pour dominante *sol*, au lieu de deux bémols marqués pour *sol*, on en mettra trois : *si, mi, la ;* dans le 5me mode, si l'on prend pour dominante *la*, on n'aura que deux dièses : *fa, do*.

De même lorsque le bémol se trouvera accidentellement dans le cours d'un morceau, la note correspondante devra toujours être baissée d'un demi-ton, ce qui donnera encore, mais d'une manière passagère, un bémol de plus ou un dièse de moins.

Une seconde difficulté, c'est celle de lire indifféremment chaque note dans toutes les positions possibles.

Ainsi, si dans le 7me mode on prend pour dominante *la*, le *ré*, dominante primitive, deviendra un *la*, le *do* un *sol*, le *si* un *fa* ♯, etc. Si, au contraire, on veut prendre le *si* pour dominante, il faudra lire *si* où il y a *ré*, *do* où se trouve *mi*, *la* où est *do*, etc. ; on est donc obligé de lire toutes les notes dans ces diverses positions, ce qui ne devient facile que par une longue habitude. Nous ne pouvons donner aucune méthode particulière pour vaincre cette difficulté, c'est de l'exercice qu'il faut, pas autre chose.

---

321. Un mot encore avant de terminer cette seconde partie.

Que jamais, hors le cas de nécessité, un chantre, quelque capable qu'il soit, n'aille exercer son art à l'église sans s'y être préparé d'avance. En admettant même qu'il soit sûr de ne faire aucune faute, ce qui se présente bien rarement, il devra encore étudier chaque morceau pour se pénétrer du sens et des beautés qu'il renferme, c'est alors qu'il pourra en rendre la pensée tout entière ; et là réside le secret pour bien chanter. Nous le répétons, rien de plus important que le service de Dieu ; rien, par conséquent, qui mérite plus notre attention que ce qui s'y rattache. Si les chanteurs profanes consacrent tant de travaux et d'études pour se perfectionner dans leur art et acquérir ainsi un peu de réputation et d'argent, ne craignons pas, nous autres, serviteurs de Dieu, d'employer un peu de notre temps à procurer sa gloire.

322. Que le chantre aussi se souvienne qu'il ne travaille pas pour acquérir de la renommée ; ceux qui chantent pour eux-mêmes ne produisent ordinairement aucun effet ; l'orgueil n'est point à sa place dans l'église, tout le monde le sent, et l'on supporte difficilement ceux qui ne cherchent qu'à plaire.

Ne pensons, au contraire, qu'à celui qui nous a donné la beauté de la voix et la science nécessaire pour en tirer parti, chantons de notre mieux et sans prétention, c'est le véritable moyen de bien chanter et de travailler ainsi à ce qui doit être l'unique but de notre vie : *la plus grande gloire de Dieu.*

TROISIÈME PARTIE.

PRINCIPES PARTICULIERS.

323. Nous nous occuperons dans cette troisième partie de certains morceaux dont le chant roule presque toujours sur la même note, comme les psaumes, les versets, etc. ; et comme dans ces chants, plus spécialement encore que dans les autres, il est nécessaire d'observer les règles de l'accentuation latine, nous commencerons par dire quelques mots sur l'accent.

ACCENT.

324. Dans la lecture du latin, comme dans celle des autres langues, du reste, les syllabes n'ont pas toutes la même importance : sur les unes on appuie davantage, sur les autres on passe plus rapidement. tout cela est soumis à certaines règles très-longues et très-difficiles que nous n'entreprendrons pas de donner ici. Nous dirons seulement que les syllabes sur lesquelles on doit appuyer sont dites accentuées. Souvent, en effet, elles sont marquées d'un accent aigu, mais, dans certains cas, l'accent doit être considéré comme existant, bien qu'il ne soit pas marqué ; ainsi tous les mots d'une syllabe : *sum, vos, te*, etc., sont accentués, à moins qu'ils ne soient suivis immédiatement d'une syllabe accentuée comme *a déxtris, de pópulo*, etc.

Tous les mots de deux syllabes doivent être regardés comme portant l'accent sur l'avant-dernière syllabe.

Dans les mots de trois syllabes et plus, l'accent est toujours marqué.

Dans les mots hébreux indéclinables, comme ***David, Sion, Ephrata, Israel, Cédar, Jacob,*** etc., l'accent est sur la dernière syllabe.

PSALMODIE.

325. Dans le chant des psaumes, on distingue 4 parties : l'*intonation*, la *dominante*, aussi appelée *teneur*, la ***médiation*** et la *terminaison*.

INTONATION.

326. On appelle intonation les quelques notes qui, dans la psalmodie, conduisent le chant à la dominante.

Parmi les intonations, les unes ont deux notes sur leur dernière syllabe, les autres n'en ont qu'une. On appelle les premières *liées* et les autres *non liées*.

1° Le 2me, le 3me, le 5me et le 8me mode ne lient pas, les autres lient.

Le 2me en A fait exception, il lie comme ces derniers.

2° Dans les intonations non liées, on fait toujours une note par syllabe. Dans les intonations liées, lorsque la 2me syllabe est brève (*), la liaison se fait sur la 3me.

(*) Il est assez difficile de faire comprendre à ceux qui n'ont pas étudié le latin comment distinguer une syllabe brève d'une longue. Toutefois, en pratique, la difficulté n'est pas ce qu'elle paraît, car l'usage à peu près général est de faire convenablement les syllabes brèves dans les intonations, médiations et terminaisons des psaumes ; en tous cas, qu'on observe la pratique des bons chantres et qu'on se règle sur eux. On peut, du reste, donner comme règle que toutes les fois que, dans un mot de trois syllabes ou plus, il y a un accent de marqué, la syllabe qui suit cet accent est brève.

327. NOTA. 1° On peut faire remarquer ici que l'intonation est la même dans le 1er et le 6me modes ; les 2me, 3me et 8me en ont aussi une semblable.

2° L'intonation ne se fait qu'aux Matines, Laudes et Vêpres des fêtes doubles ou semidoubles, et au 1er verset seulement. Dans les autres cas, y compris l'Office des Morts de quelque degré qu'il soit, on commence de suite par la dominante.

Dans les doubles de 1ère et de 2me classe, on répète l'intonation à chaque verset du *Magnificat* et du *Benedictus.*

DOMINANTE.

328. La dominante est la note sur laquelle roule le chant du psaume. Elle commence immédiatement après l'intonation, va jusqu'à la médiation, reprend ensuite et conduit à la terminaison.

Le 1er mode en A, chant de l'*In exitu,* et le 6me en C, dit *ton royal,* ont deux dominantes différentes, l'une avant la médiation, l'autre entre la médiation et la terminaison.

MÉDIATION.

329. La médiation se compose des notes qui terminent la première partie de chaque verset. Ces notes, pour l'ordinaire, dévient de la dominante ; cependant, dans le 6me mode, elles ne font que la continuer, et par conséquent ne sont soumises à aucune des règles que nous allons donner.

Parmi les médiations, les unes exigent 2 syllabes, les autres 4.

330. Les modes qui en exigent 2 sont le 1er, le 2me, le 5me et le 8me ; les autres, parmi lesquels il faut compter le 1er en A et le 2me en A, en demandent 4.

331. *Médiations de 2 syllabes.* — *Règle.* — La déviation ne doit jamais se faire sur une syllabe brève. Ex. :

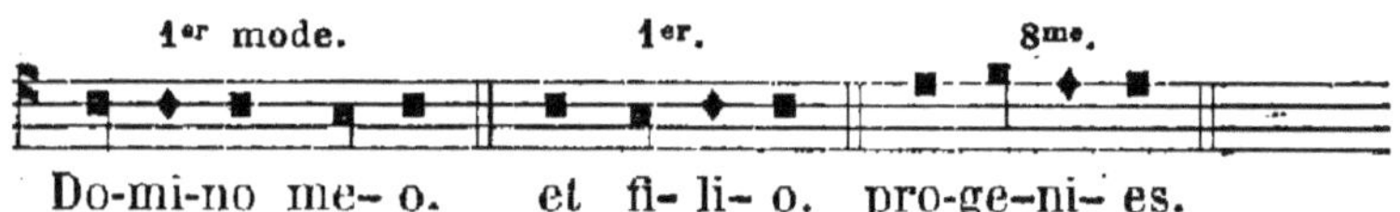

332. Remarque. Quand le dernier mot est un monosyllabe ou un mot hébreu indéclinable, la dernière note seule dévie, mais seulement lorsque la déviation se fait au-dessus de la dominante, c'est-à-dire dans les 2me, 5me et 8me modes. Ex. :

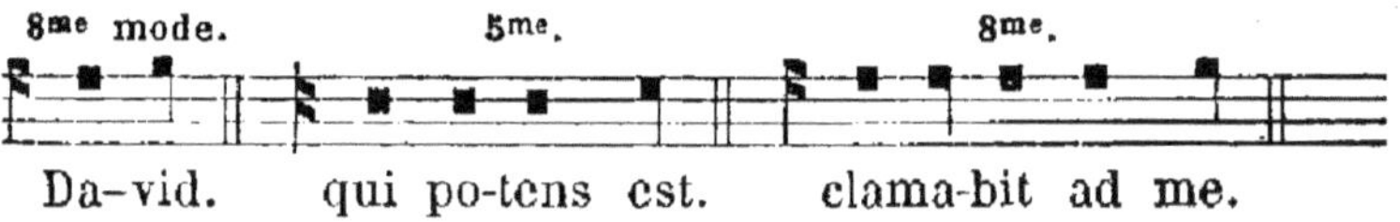

333. *Médiations de 4 syllabes..* — *1re Règle.* — La 1re et la 3me note de la médiation ne peuvent tomber sur une syllabe brève. Dans ce cas, on anticipe sur celle qui précède. Ex. :

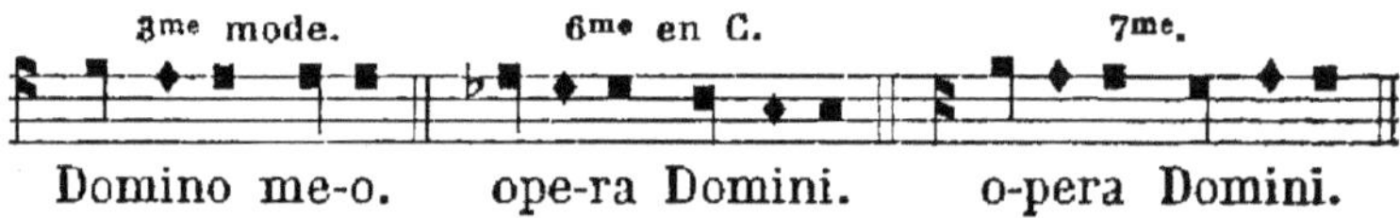

2eme Règle. — Cependant, lorsque la première note est plus basse que la dominante, ou qu'étant plus haute elle n'est pas la plus élevée de la médiation, elle peut se faire sur une brève. Ex. :

TERMINAISON.

334. On appelle ainsi les quelques notes qui viennent après la dominante et terminent la seconde partie du verset.

Chaque mode peut avoir plusieurs terminaisons. On les distingue au moyen des 7 premières lettres de l'alphabet : *a, b, c, d, e, f, g,* qui autrefois représentaient les notes *la, si, do, ré, mi, fa, sol.* Ainsi, la terminaison en *a* finit par *la,* celle en *g* par *sol,* etc.

On distingue par une majuscule celles qui se terminent par la tonique, les autres sont indiquées par de petites lettres. Si plusieurs ont la même note finale, on mettra à l'une une lettre droite, à l'autre une lettre penchée, à une troisième une lettre accentuée, etc.

Les modes irréguliers conservent la lettre qu'ils avaient avant la transposition. Ainsi, le chant d'*In exitu* est du 1er en A, parce qu'il finissait avant la transposition par le *la.*

Une des terminaisons du 1er mode a été désignée par la lettre J ; c'est sans doute une allusion à l'espèce de queue qui termine la psalmodie.

Les lettres *e u o u a e* que l'on trouve souvent sous les terminaisons sont les voyelles des mots : *sæculorum. Amen.*

335. Les règles des terminaisons sont exactement les mêmes que celles des médiations de 4 syllabes ; il est inutile, par conséquent, de les répéter. Ex. :

336. Nous terminerons ce qui regarde le chant des psaumes par quelques remarques.

1° Lorsque dans un verset il n'y a pas assez de syllabes pour faire la dominante avec toutes les notes soit de la médiation, soit de la terminaison (*), on prend à la fin de la médiation ou de la terminaison autant de notes qu'il en faut pour les paroles que l'on a à chanter. Ex. :

2° Dans certains modes, comme le 2me et le 8me, les cantiques évangéliques ont une notation particulière ; on doit la suivre lorsqu'il y a lieu de le faire. Ces cantiques doivent aussi être chantés plus lentement que les psaumes.

3° Il est d'usage dans quelques églises de regarder comme plus solennels certains psaumes de Laudes et de Vêpres. On les chante alors plus lentement, et quelquefois on remplace la terminaison par une autre. Ces psaumes sont le

(*) Nous ne parlons pas de l'intonation, puisque le seul verset dans lequel elle ne soit pas complète est le *Magnificat*, que l'on trouve noté en entier à la suite de chacun des modes.

1er, le 3me et le 5me dans les doubles de 1ère et 2me classe, le 1er et le 5me dans les doubles-majeurs, le 5me dans les doubles ordinaires, et le *Magnificat* dans tous les doubles et semidoubles. On en excepte cependant les dimanches de Carême, quand ce ne sont pas les premières vêpres d'une fête double.

4o Le chant des psaumes demande la plus grande attention si l'on veut qu'il soit exécuté avec ensemble. On devra avoir bien soin d'appuyer sur toutes les syllabes accentuées, de s'arrêter après la médiation, de ne pas recommencer les uns sans les autres (*), en un mot, de veiller d'une manière toute spéciale à cet ensemble qui, nous le répétons, est de la plus haute importance dans le chant (**).

(*) A plus forte raison, un côté du chœur ne doit jamais recommencer son verset avant que l'autre ait complètement achevé le sién.

(**) Nous ne saurions mieux faire pour résumer les règles de la psalmodie que de citer ces paroles de Saint-Bernard :

« Ne trainons pas trop la psalmodie, mais chantons rondement et « d'une voix animée. Commençons ensemble et finissons de même « chaque verset ; qu'aucun ne prolonge le point d'arrêt, mais qu'il « abandonne aussitôt la syllabe sur laquelle il repose. Après chaque « partie du verset, qu'il y ait une pause sensible. Que personne ne « commence avant les autres ou n'aille plus vite, que personne non « plus ne traîne après les autres en insistant sur la finale. Chantons « ensemble, faisons les pauses ensemble, en nous prêtant l'oreille les « uns aux autres. Nous vous avertissons, nos très-chers frères, de vous « présenter devant le Seigneur pour chanter ses louanges avec autant « de joie que de respect ; n'y soyez point avec un air paresseux ou « endormi ou nonchalant, ne chantant qu'à demi-voix ; prenez garde « de couper les mots ou de n'en prononcer que la moitié ou d'en « passer d'entiers, évitez de chanter d'une manière molle, efféminée, « négligée et comme du nez seulement, mais prononcez d'une voix « mâle les paroles du Saint-Esprit. » (Sermon 47 sur le cantique des cantiques).

5° Lorsqu'une partie du verset est trop longue pour pouvoir être faite d'une seule haleine, on devra s'arrêter pour respirer, mais de manière à ne pas altérer le sens du texte.

Nous donnons ici quelques versets où les pauses se font le plus souvent très-mal, et nous indiquons les endroits où l'on devra les faire.

Intellectus bonus | omnibus facientibus eum.
Non commovebitur | donec despiciat inimicos suos.
Dominare | in medio inimicorum tuorum.
Illuc enim ascenderunt tribus, | tribus Domini.
Non confundetur | cum loquetur inimicis suis in porta.
Quia visitavit, | et fecit redemptionem plebis suæ.
Abraham | et semini ejus in sæcula.

Nous pourrions ajouter les passages suivants, bien qu'ils n'appartiennent pas aux psaumes :

Dignum | et justum est.
Da robur, | fer auxilium.
Deus in adjutorium meum | intende.
Domine ad adjuvandum me | festina.

VERSETS.

337. On distingue deux espèces de versets : le grand ou solennel, qui se chante toujours ainsi :

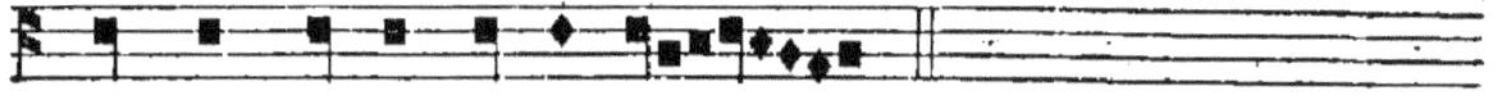

Sancta De- i Ge-ni-trix.

Il s'emploie 1° à l'office de Matines ; 2° après les hymnes de Laudes et de Vêpres ; 3° aux saluts solennels faits avec l'ostensoir ; 4° après certains morceaux solennels comme les antiennes de la procession du Saint-Sacrement, le *Veni creator*, le *Te Deum*, etc.

Le chœur répond sur le même ton.

338. Le petit verset ou verset simple se termine par la chute sur la tierce mineure comme il suit :

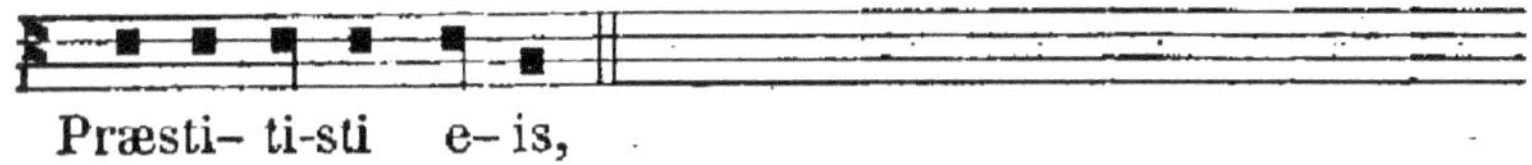

et l'on répond encore sur le même ton.

339. Les versets simples terminés par un monosyllabe ou un mot hébreu indéclinable se chantent ainsi :

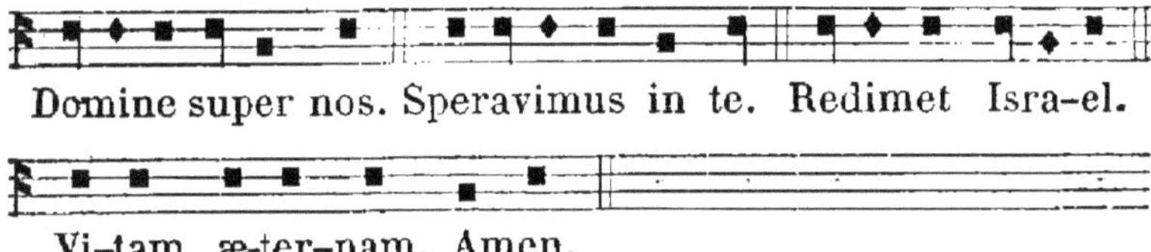

340. A l'Office des Morts, les versets ont une désinence particulière :

LEÇONS.

341. Les leçons sont ordinairement précédées d'une bénédiction qui se chante ainsi :

Le lecteur :

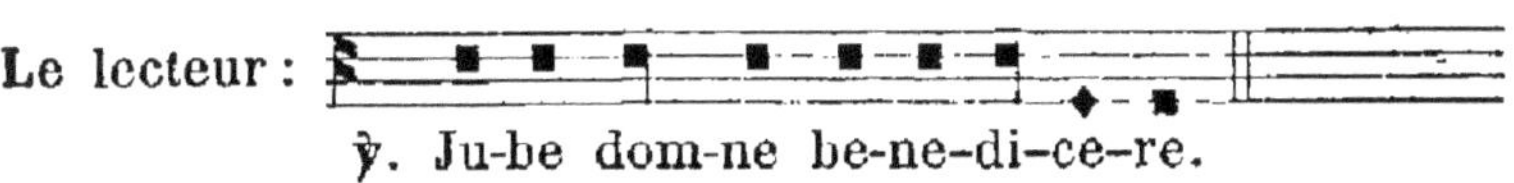

BÉNÉDICTION (*).

Et toute la leçon se chante en tombant de même à chaque point sur la quinte :

Lec-ti-o libri Genesis. Et re-liqua. In hoc non laudo.

342. Les monosyllabes et les mots hébreux indéclinables se chantent comme dans les versets simples :

Transla-tus est. Ma-di-an.

Les phrases interrogatives comme il suit :

Laudo vos ? Quid cla-ma-bo ?

Et la leçon se termine par :

Tu au-tem Do-mine mi-serere nobis. ℟. De-o gra-ti-as.

343. Les 3 derniers jours de la Semaine Sainte et à l'Of-

(*) Les absolutions se chantent de la même manière que les bénédictions.

fice des Morts, on ne chante pas : *Tu autem,* et la leçon se termine de cette manière :

CAPITULE.

344. Le capitule se chante sans inflexion de voix et se termine ainsi :

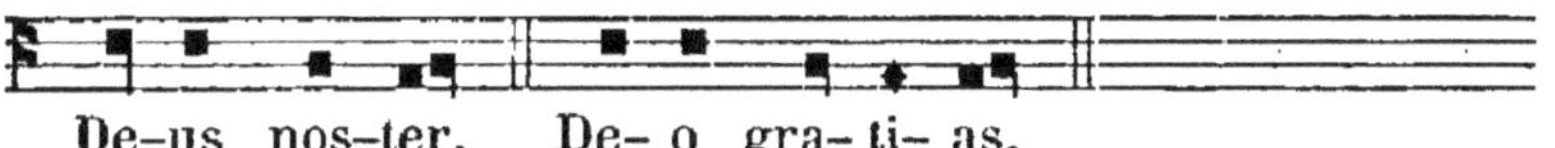

ORAISONS.

345. Il y a deux tons pour le chant des oraisons : le ton solennel, sur lequel on chante les oraisons des Matines, des Laudes, de la Messe, des Vêpres et des Saluts, aux fêtes semidoubles et au-dessus.

346. Il y a ordinairement dans le cours de l'oraison une pause marquée par deux points, et plus loin une autre indiquée par un point-virgule, et qui est suivie le plus souvent des mots *ita* ou *ut.* On y fait des inflexions de voix de la manière qui suit :

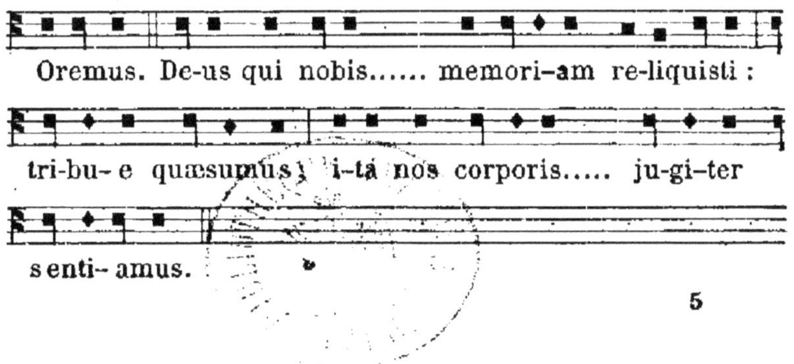

Dans le ton solennel, les conclusions que nous venons de donner se chantent toujours comme ci-dessus; quant aux petites : *per Christum Dominum nostrum; qui vivis et regnas in sæcula sæculorum,* etc., elles se terminent en tombant sur la tierce mineure *do-la.*

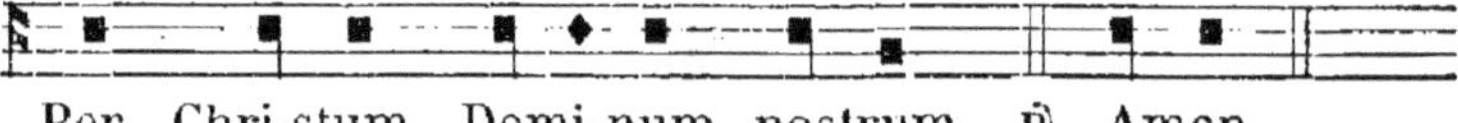

S'il n'y avait dans une oraison qu'une pause d'indiquée, on y ferait l'inflexion marquée aux deux points, et on omettrait celle du point-virgule.

347. Le ton férial sert pour tous les Offices non désignés plus haut et pour l'Office des Morts, de quelque degré de solennité qu'il soit; il n'admet aucune inflexion de voix; seulement, on s'arrête aux pauses indiquées par les deux points et le point-virgule, et la grande conclusion se chante

de même sans inflexion, mais la petite s'exécute comme dans les oraisons solennelles en tombant sur le *la*.

ÉPÎTRE ET ÉVANGILE.

L'épître se chante comme il suit :

1° Vers le milieu de chaque phrase, lorsque le sens admet une pause, on fait une dépression à la tierce mineure sur la 4me ou 5me syllabe qui précède le repos. Si avant cette syllabe il se trouvait une brève, elle se ferait pareillement sur le *la*. Ex. :

2° Sur l'avant-dernier accent de chaque phrase on fait la modulation *do-ré*. Ex. :

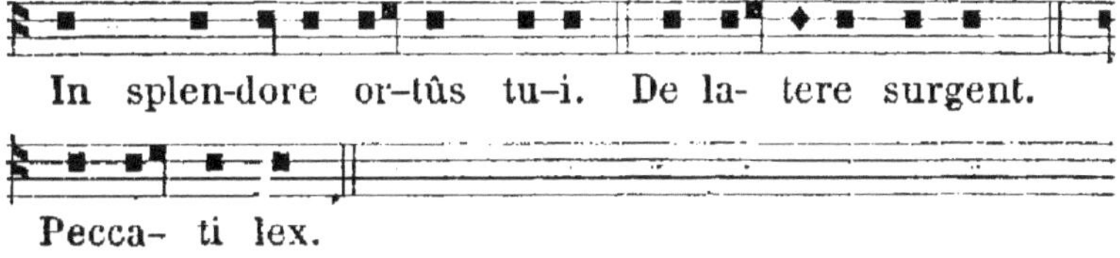

3° Les phrases interrogatives se chantent exactement comme celles des leçons (342).

4° Et l'on termine comme il suit :

L'évangile se chante absolument de la même manière, sauf la terminaison de chaque phrase, qui se fait par la modulation *do-si-do* sur la dernière syllabe accentuée.

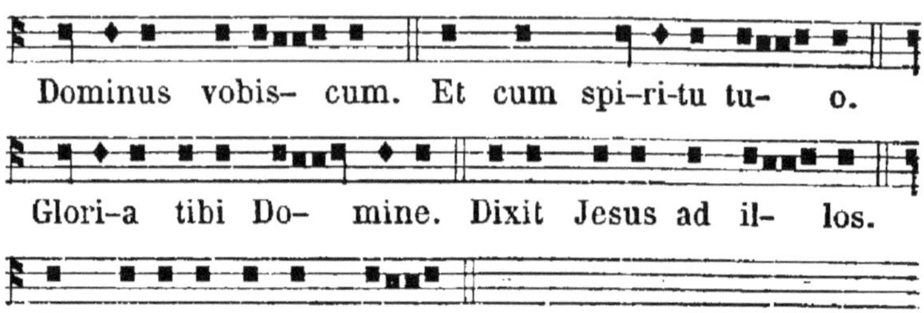

A Rome, le chant de l'épître et de l'évangile est beaucoup plus simple ; mais comme il est très-peu suivi, nous nous contentons de renvoyer aux livres notés ceux qui désireraient l'employer.

QUATRIÈME PARTIE.

MORCEAUX POUR SERVIR D'APPLICATION (*).

348. On pourra d'abord faire solfier ces morceaux après les exercices correspondants, ainsi les applications de secondes après les exercices de secondes, etc.; puis, afin d'éviter l'ennui qui sans doute viendrait assaillir bon nombre d'enfants si on les laissait toujours sur le même genre d'exercices, aussitôt qu'ils sauront imperturbablement les quartes et peut-être même les tierces, on pourra leur faire étudier la vocalisation, et, immédiatement après, leur faire appliquer les morceaux que nous allons donner sur les exercices qu'ils auront déjà appris (sur les secondes, tierces, quartes, etc.). C'est un puissant moyen d'encouragement pour les élèves qui, au bout de peu de temps d'étude, se voient déjà en état de chanter quelques morceaux de Plain-Chant.

Inutile de dire qu'il faut remettre à plus tard les pièces qui auraient soit la clef d'*ut* descendue, soit celle de *fa*.

Secondes.

(*) Ces morceaux sont extraits des livres de chant du diocèse.

Ti-bi Cherubim et Se-raphim in-cessa-bi-li
voce proclamant.
PREMIER TON en J.
Di-xit Dominus Domino me-o: * Sede a
dextris me-is.
KYRIE du 6.
Ky- ri-e e-le-i-son. iij.
ANT. du 1.
In-clina-vit Do-minus aurem su-am mi-hi.
ANT. du 8.
Cre-di-di, propter quod lo-cutus sum.
ANT. du 6.
Lauda-te Dominum omnes Gen-tes.
ANT. du 1.
Adjuto-ri-um nostrum in no-mine Domi-ni.
ANT. du 1.
Facti sumus sicut conso-la-ti.

ANT. du 8.
Per singu-los di-es benedi-cam te Domine.
ANT. du 4
Lauda-bo De-um me-um in vi-ta me-a.
ANT. du 4 en E.
Tri-du-anas a Do-mino poposci indu-ci-as,
ut domum me-am Ec-cle-si-am con-se-crarem.

Tierces.

HYMNE du 4.
Cre-a-tor alme siderum, Æterna lux creden-
ti-um, Jesu Redemptor om-ni-um, In-ten-de vo-tis
suppli-cum.
Ps. 94.
Ve-ni-te exultemus Do-mino, jubi-lemus
De-o sa-lu-ta-ri no-stro: præ-occu-pe-mus faci-em
e-jus in confes-si-o-ne, et in psalmis jubi-

le-mus e- i.
PROSE du 6.
Invi- o-la-ta, integra et casta es, Ma-ri-a, Quæ
es effecta ful-gida cœ-li porta. O Mater alma Christi
ca-ris-sima! Suscipe pi-a laudum præ-co-ni-a.
Nostra ut pura pecto-ra sint et corpo-ra, Te nunc
fla-gitant devota corda et ora. Tu-a per preca-ta
dul-ci-sona, Nobis con-cedas veni-am per sæ-cu-la.
O benigna! O Re-gina! O Ma-ri-a! Quæ so-la in-
vi-o-la-ta permansi- sti.

DU 1.

Alle-lu- ia. ij. ℣. Læ-
ta- tus sum in his, quæ di- cta sunt

mi- hi: In do- mum Do-
mini i- bimus.
INTROÏT du 6.
Re-qui-em æ- ter- nam do- na e- is
Do- mine: et lux perpe- tu-a lu-ce- at
e- is. Ps. Te de-cet hymnus De-us in Si-on,
et ti- bi reddetur votum in Je-rusa-lem: exau-di
ora-ti- onem me-am, ad te omnis ca-ro veni-et.
INTROÏT du 6.
Quasi modo ge-ni-ti in-fantes, alle- lu- ia,
ra- ti-o- na- bi-les sine do-lo lac concu-
pi- sci-te, alle-lu- ia, alle-lu- ia, alle-lu- ia.

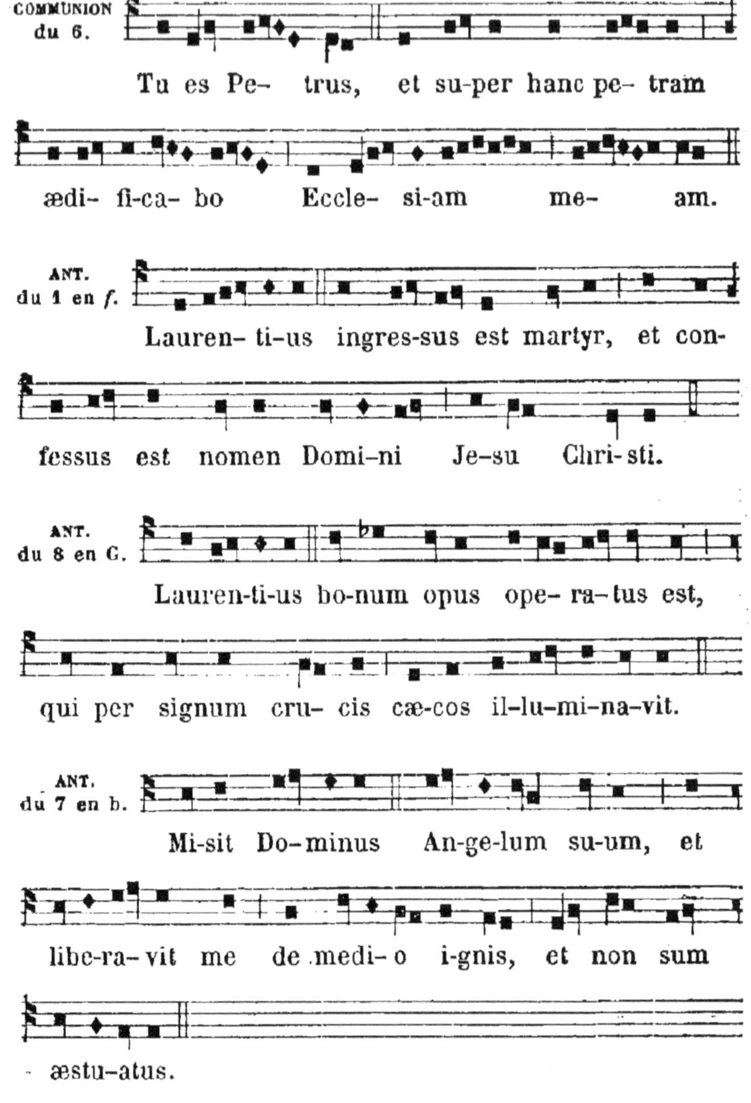
COMMUNION du 6.
Tu es Pe- trus, et su-per hanc pe- tram
ædi- fi-ca- bo Eccle- si-am me- am.
ANT. du 1 en f.
Lauren- ti-us ingres-sus est martyr, et con-
fessus est nomen Domi-ni Je-su Chri-sti.
ANT. du 8 en G.
Lauren-ti-us bo-num opus ope- ra-tus est,
qui per signum cru- cis cæ-cos il-lu-mi-na-vit.
ANT. du 7 en b.
Mi-sit Do-minus An-ge-lum su-um, et
libe-ra-vit me de medi- o i-gnis, et non sum
æstu-atus.

Quartes.

ANT. du 6.
A- ve Regi- na cœ- lo- rum. A- ve
Domina Ange- lo- rum. Sal- ve Ra- dix, salve
por-ta, Ex qua mun- do lux est or- ta. Gau-de
vir-go glo-ri-o-sa Super o- mnes spe-ci- o-
sa : Va- le o valde deco- ra, Et pro
no- bis Chri-stum ex- o- ra.
DU 6.
1. A- ve verum corpus na- tum de Ma-ri-a
Vir- gine. 2. Ve- re passum immola- tum in
cruce pro ho- mine. 3. Cujus latus perfora- tum
fluxit aqua et san- guine. 4. E-sto nobis prægu-

sta- tum mor-tis in ex- a- mine. 5. O Je- su
dul- cis ! 6. O Je- su pi- e ! 7. O Je-su, Fi-li
Ma- ri- æ ! tu nobis mi-sere-re. A- men.
INTROÏT du 4.
Resur- re-xi, et adhuc tecum sum, al-
le- lu- ia : po- su- i-sti su- per me manum
tu- am, alle- lu- ia : mi-ra- bi-lis fa-
cta est sci- en- ti- a tu- a, alle- lu-ia,
al- le- lu- ia. Ps. Do-mine, probasti me, et
co-gno-vi- sti me : * tu co-gno-vi-sti ses-si-o-nem
me-am, et resur-recti- onem me-am.
GRADUEL du 5.
Ec-ce Sacerdos ma- gnus, qui in

di-e- bus su- is pla- cu- it
De-o. ℣. Non est in-ven-
tus simi-lis il-li qui conserva- ret
legem Ex-cel- si.
A MAGNIFICAT
Ant. du 6 en F.
Pax vobis, ego sum, alle- lu-ia : no-li-te
ti-mere, alle- lu- ia.
INTROÏT
du 4.
Sa- cer- do- tes tu- i Do- mine
in- duant ju- sti- ti-am, et san- cti tu-
i ex-ul- tent : pro-pter Da- vid ser- vum
tu- um, non a-ver-tas fa- ci-em
Chri- sti tu- i. T. P. Alle-lu- ia, al-le-

lu- ia. *Ps.* Me-men-to Do-mi-ne Da-vid : *
et omnis mansu-e-tu-dinis e-jus.
GRADUEL du 3.
Hic est qui ve- nit per a-quam et
san-guinem, Jesus Chri- stus : non in a-qua
so- lum, sed in a-qua et san-guine. ℣. Tres
sunt qui te- stimo- ni-um dant in cœ- lo : Pa- ter,
Verbum, et Spi- ri-tus san- ctus : et hi tres
u- num sunt. Et tres sunt qui te-sti-mo- ni-um
dant in ter-ra : Spi- ri-tus, aqua, et san-guis : et
hi tres u- num sunt.
DU 6.
Alle- lu- ia. ij.

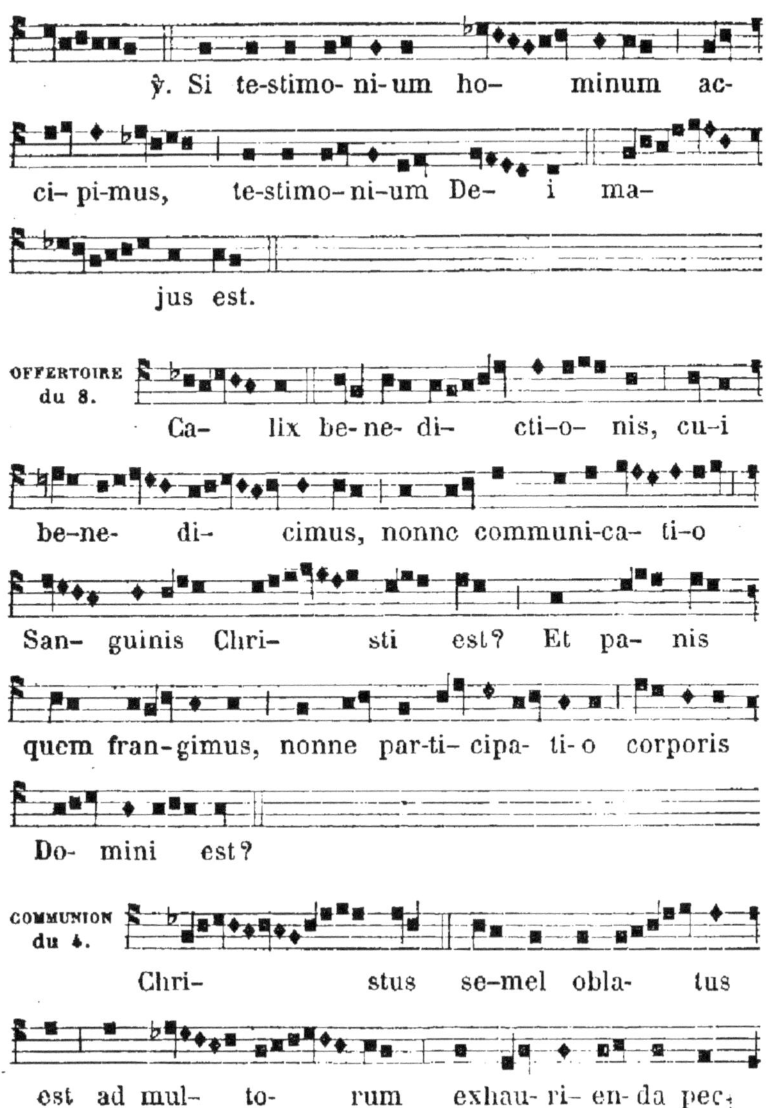

℣. Si te-stimo- ni-um ho- minum ac-
ci- pi-mus, te-stimo- ni-um De- i ma-
jus est.
OFFERTOIRE du 8.
Ca- lix be- ne- di- cti-o- nis, cu-i
be-ne- di- cimus, nonne communi-ca- ti-o
San- guinis Chri- sti est? Et pa- nis
quem fran-gimus, nonne par-ti- cipa- ti- o corporis
Do- mini est?
COMMUNION du 4.
Chri- stus se-mel obla- tus
est ad mul- to- rum exhau- ri- en- da pec-

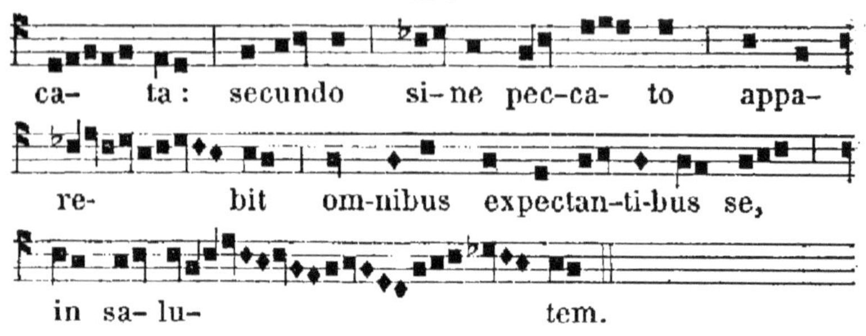
ca- ta: secundo si-ne pec-ca- to appa-
re- bit om-nibus expectan-ti-bus se,
in sa- lu- tem.

Quintes.

DU 1.
San- ctus, San- ctus, San- ctus
Dominus De- us Saba-oth. Ple-ni sunt cœ- li et
terra glo-ri-a tu-a: Ho- sanna in ex-celsis. Benedictus qui venit in no-mine Domini: Ho-sanna
in ex-celsis.
ANT.
du 6.
Re-gina cœ-li læ-ta- re, al-
le- lu- ia: Quia quem me-ru- i-sti por-

ta- re, al-le- lu- ia. Resurre- xit si-cut
di-xit, al- le- lu-ia. O-ra pro no- bis De- um,
alle- lu- ia.
INTROÏT du 1.
Sta- tu-it e-i Do- minus te- sta-
men- tum pa- cis, et prin- cipem fe- cit e- um:
ut sit il- li sa-cer-do-ti-i di- gni-tas in
æ- ter- num. T. P. Al-le- lu- ia, al-
le- lu- ia. Ps. Memen-to Do- mine Da-
vid: * et omnis mansu-e-tu- dinis e- jus.
ANT. Du 2 en D.
Lapides preti-osi omnes mu-ri tu- i,
et turres Je-ru- salem gemmis ædi- fica-buntur.

INTROÏT du 1.
Gaude- a- mus omnes in Do- mino,
di- em festum ce- le-bran-tes, sub hono- re
Sancto-rum o-mni-um : de quorum solem-ni-ta-
te gau-dent An- ge-li, et collau- dant
Fi- li-um De- i. Ps. Exul-ta-te ju- sti
in Domino : * rectos decet collau-da- ti- o.
PROSE du 7.
1. Lauda, Si-on, Salva-to-rem, Lauda ducem et
pasto- rem, In hymnis et can-ti-cis. 2. Quantum potes,
tantum aude : Qui-a major omni lau-de, Nec lau-
dare suf-ficis. 3. Laudis thema spe-ci-a- lis, Panis

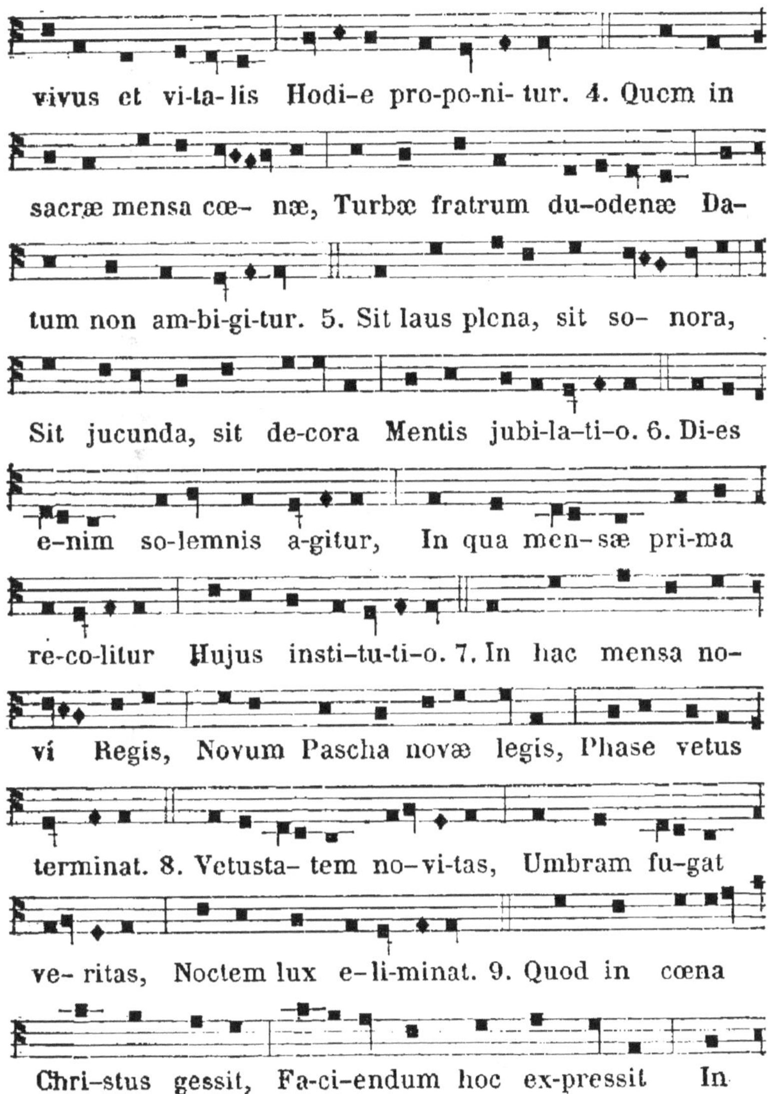
vivus et vi-ta-lis Hodi-e pro-po-ni- tur. 4. Quem in
sacræ mensa cœ- næ, Turbæ fratrum du-odenæ Da-
tum non am-bi-gi-tur. 5. Sit laus plena, sit so- nora,
Sit jucunda, sit de-cora Mentis jubi-la-ti-o. 6. Di-es
e-nim so-lemnis a-gitur, In qua men-sæ pri-ma
re-co-litur Hujus insti-tu-ti-o. 7. In hac mensa no-
vi Regis, Novum Pascha novæ legis, Phase vetus
terminat. 8. Vetusta- tem no-vi-tas, Umbram fu-gat
ve- ritas, Noctem lux e-li-minat. 9. Quod in cœna
Chri-stus gessit, Fa-ci-endum hoc ex-pressit In

su-i memo-ri-am. 10. Docti sacris insti-tutis, Pa-
nem, vinum in sa-lu-tis Con-secramus hosti- am.
11. Dogma datur Chri-sti- anis, Quod in carnem tran-
sit panis, Et vinum in san-guinem. 12. Quod non
capis, quod non vides, A-nimosa firmat fi-des,
Præter rerum or-dinem. 13. Sub diver-sis spe-ci-
e- bus, Si-gnis tantum et non rebus, La-tent res
ex-i-mi-æ. 14. Caro ci-bus, sanguis po-tus : Ma-net
tamen Christus totus Sub u-traque spe-ci- e. 15. A
su-mente non con-cisus, Non confractus, non di-vi-

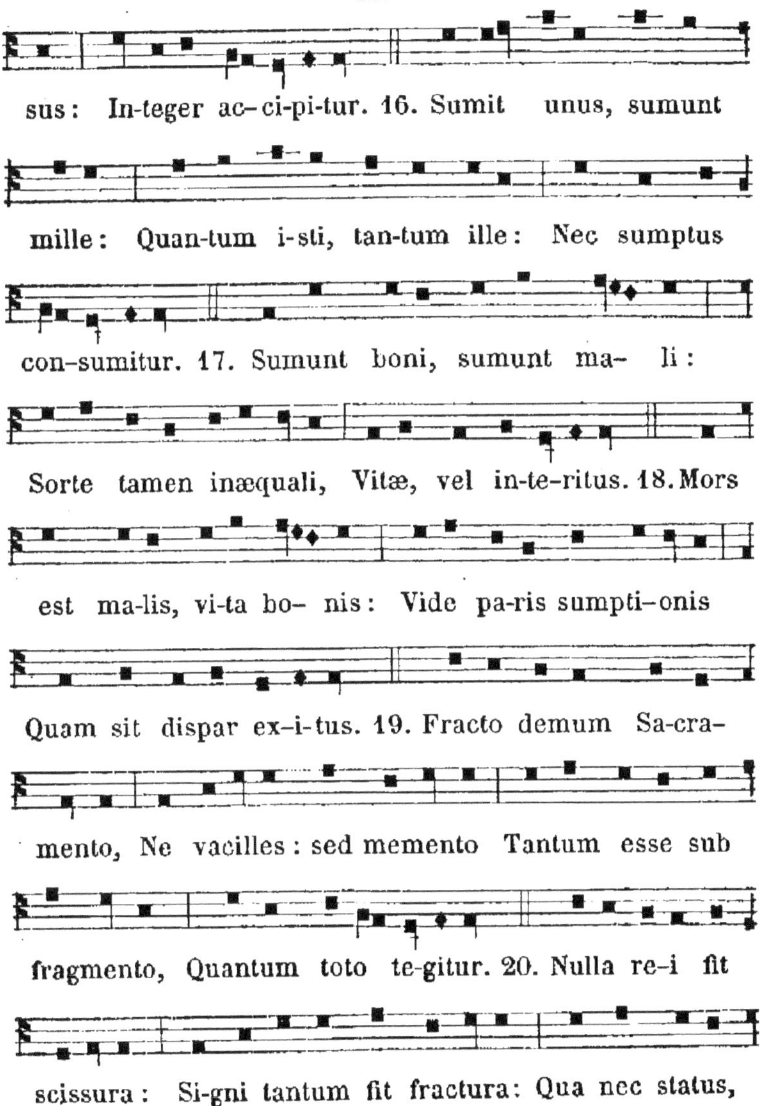
sus: In-teger ac-ci-pi-tur. 16. Sumit unus, sumunt
mille: Quan-tum i-sti, tan-tum ille: Nec sumptus
con-sumitur. 17. Sumunt boni, sumunt ma- li:
Sorte tamen inæquali, Vitæ, vel in-te-ritus. 18. Mors
est ma-lis, vi-ta bo- nis: Vide pa-ris sumpti-onis
Quam sit dispar ex-i-tus. 19. Fracto demum Sa-cra-
mento, Ne vacilles: sed memento Tantum esse sub
fragmento, Quantum toto te-gitur. 20. Nulla re-i fit
scissura: Si-gni tantum fit fractura: Qua nec status,

nec sta-tura Signa-ti mi-nu-i-tur. 21. Ecce pa-nis
Ange-lorum, Factus cibus vi-a-torum: Vere Pa-nis
fi- li-orum Non mittendus canibus. 22. In fi-guris
præsi-gnatur, Cum I-sa-ac immo-latur: Agnus Paschæ
de-pu-tatur: Datur manna pa-tribus. 23. Bone Pastor,
Panis ve-re, Jesu nostri mi-se- rere: Tu nos pasce,
nos tu-ere: Tu nos bona fac vide-re In ter-ra
viven-ti-um. 24. Tu qui cuncta scis et va- les: Qui
nos pascis hic mor- tales: Tu-os i-bi commensales,
Cohæredes et sodales Fac sancto- rum ci-vi- um.
A- men.

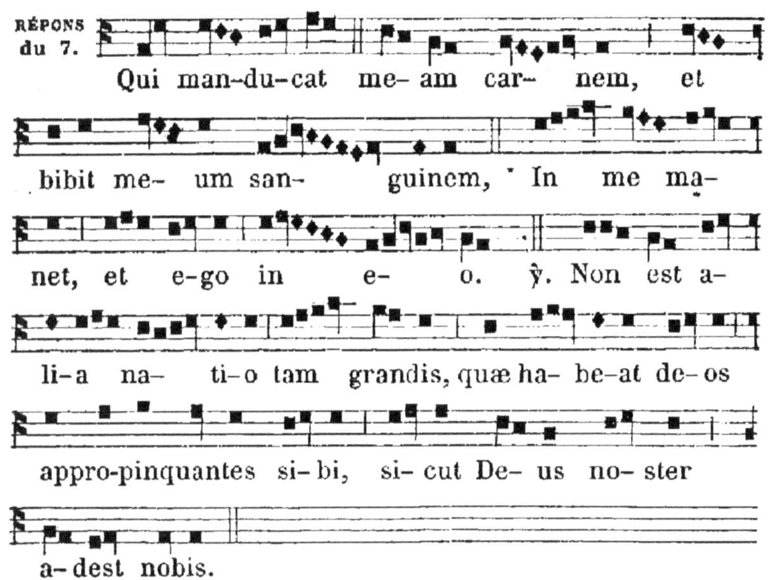

Nous nous arrêtons. L'élève, une fois arrivé là, est en état de chanter presque tous les morceaux de Plain-Chant qui se trouvent dans les heures notées. Il devra encore voir dans la méthode les exercices sur la sixte et l'octave ; mais ces intervalles ne se rencontrent que fort peu souvent, et il n'est pas rare de trouver des offices entiers qui n'en contiennent aucun.

Nous croyons avoir donné dans ce petit ouvrage tout ce qui est absolument nécessaire pour bien exécuter le Plain-Chant. Qu'on en étudie les exercices, qu'on en médite les préceptes, qu'on s'efforce surtout de les mettre en pratique, et, nous en sommes convaincus, la beauté de nos offices, déjà si imposants, y aura gagné. Ne nous laissons pas arrêter par les difficultés, elles ne sont qu'apparentes, et toujours elles céderont devant une volonté énergique ; d'ailleurs, Dieu est là pour soutenir ceux qui ne travaillent que pour sa gloire. Quelle récompense ne sera-t-il pas disposé à nous accorder si nous contribuons à relever la majesté de son culte ! Deux ou trois hommes dans chaque paroisse suffisent pour donner l'élan ; encouragés par leur exemple, d'autres les imiteront, et bientôt les fidèles, attirés à l'église par la beauté du chant, suivront avec plaisir des offices qu'ils ne fréqnentaient que par devoir et sans attrait. Leur âme s'élèvera vers Dieu, et le Ciel, après avoir reçu leurs prières et leurs chants, versera en retour sur eux ses grâces et ses bénédictions.

Nous terminerons en adressant à tous ces paroles du psalmiste : Chantez à la gloire de notre Dieu, chantez ; chantez à la gloire de notre roi, chantez ; car Dieu est le roi de toute la terre ; chantez donc, mais chantez avec sagesse, réunissant la piété à l'art, et par ce moyen vous étendrez le règne de Dieu parmi les peuples. *Psallite Deo nostro, psallite ; psallite regi nostro, psallite ; quoniam rex omnis terræ Deus, psallite sapienter. Regnabit Deus super gentes.*

FAUX-BOURDONS.

Sur la demande de plusieurs personnes, nous avons ajouté à notre méthode quelques faux-bourdons. Ils sont écrits pour quatre voix : 2 Dessus, 1 Ténor faisant le chant et une Basse.

Nous observerons seulement que, dans l'exécution des faux-bourdons, on devra veiller à ce que le chant soit suffisamment marqué pour que les autres voix ne le couvrent pas ; en général, il faudra un plus grand nombre de chantres pour cette partie que pour les autres.

Les chœurs qui ne pourront disposer d'un nombre suffisant de voix de dessus, soit femmes, soit enfants, feront exécuter la partie de deuxième dessus par des ténors légers qui la chanteront une octave plus haut qu'elle n'est écrite. Il faudra veiller alors à ce que cette partie soit faite avec assez de douceur pour ne pas couvrir les autres, ce qui serait d'un très-mauvais effet.

Nous conseillons aussi d'écrire en entier les versets qui devront être chantés en faux-bourdons ; c'est le seul moyen d'éviter la cacophonie, les chantres n'étant pas généralement assez exercés pour voir au premier coup-d'œil à quel endroit ils devront changer de note.

Enfin, là plus encore que partout ailleurs, un parfait ensemble est nécessaire si l'on veut obtenir de bons résultats.

1er MODE.

2me MODE.

3me MODE.

4me MODE.

5me MODE.

6me MODE.

6me MODE ROYAL.

7me MODE.

8me MODE.

TONS DE FANTAISIE (*).

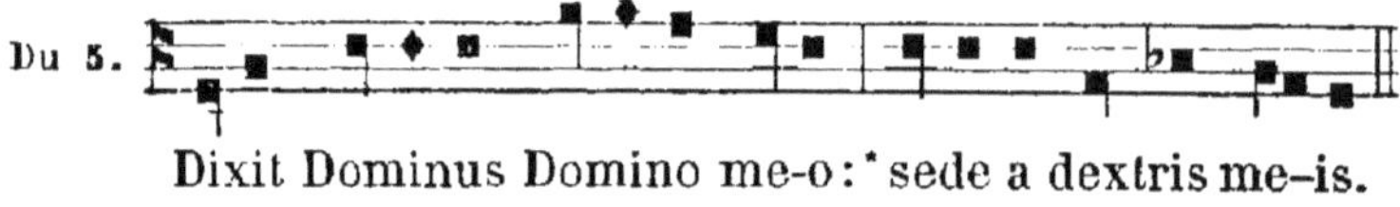

(*) Sous ce titre, nous avons réuni quelques tons de psaumes depuis longtemps en usage dans certaines paroisses du diocèse. Ces chants n'appartiennent pas à la liturgie et ne sont pas approuvés, mais seulement tolérés par l'autorité ecclésiastique.

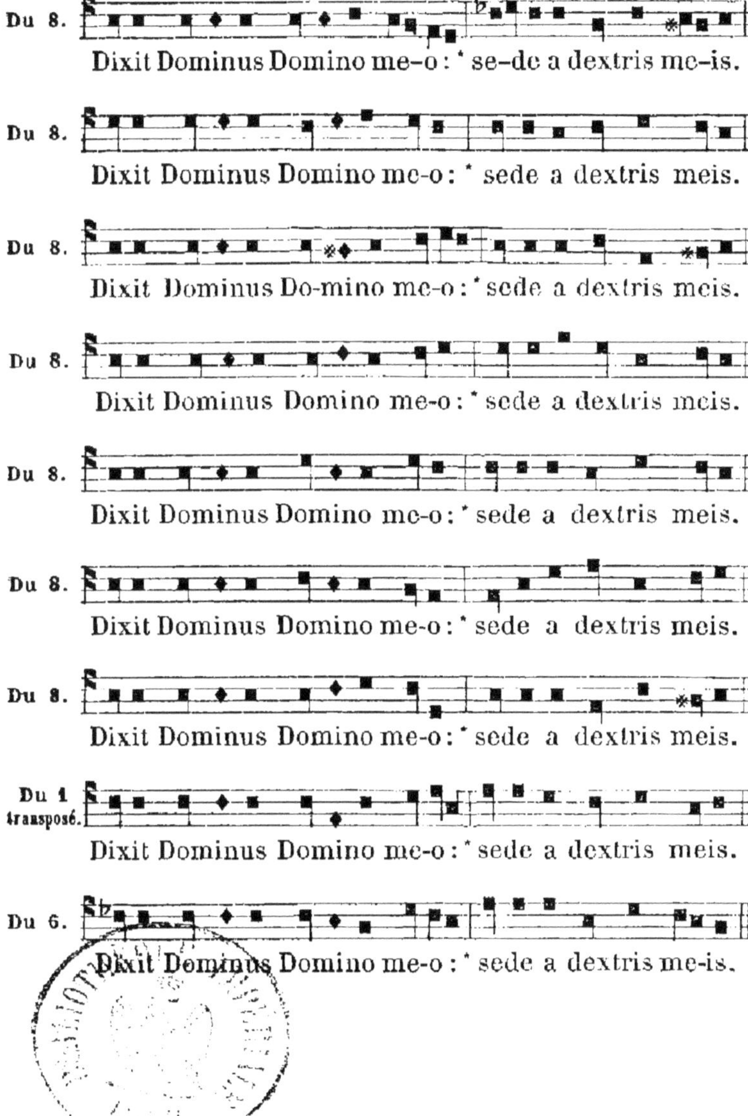
Du 8.
Dixit Dominus Domino me-o : * se-de a dextris me-is.
Du 8.
Dixit Dominus Domino me-o : * sede a dextris meis.
Du 8.
Dixit Dominus Do-mino me-o : * sede a dextris meis.
Du 8.
Dixit Dominus Domino me-o : * sede a dextris meis.
Du 8.
Dixit Dominus Domino me-o : * sede a dextris meis.
Du 8.
Dixit Dominus Domino me-o : * sede a dextris meis.
Du 8.
Dixit Dominus Domino me-o : * sede a dextris meis.
Du 1 transposé.
Dixit Dominus Domino me-o : * sede a dextris meis.
Du 6.
Dixit Dominus Domino me-o : * sede a dextris me-is.

TABLE.

Caen.—Imprimerie religieuse de PACNY, rue Froide, 27.

Caen.—Imp. Pagny.

www.ingramcontent.com/pod-product-compliance
Lightning Source LLC
LaVergne TN
LVHW020023170826
845678LV00001B/99

* 9 7 8 2 3 2 9 7 7 0 3 7 6 *